COLEÇÃO
● **TEOLOGIA PARA TODOS**

Pedro Pamplona

Como Deus é um e três ao mesmo tempo?

Um estudo sobre o mistério da Trindade

© por Pedro Pamplona, 2023.
Todos os direitos desta publicação são reservados por
Vida Melhor Editora LTDA.

Todas as citações bíblicas foram extraídas da *Nova Versão Internacional* (NVI), da Biblia Inc., salvo indicação em contrário.

Os pontos de vista desta obra são de responsabilidade de seu autor e colaboradores diretos, não refletindo necessariamente a posição da Thomas Nelson Brasil, da HarperCollins Christian Publishing ou de suas equipes editoriais.

PRODUÇÃO: Daila Fanny Eugenio
REVISÃO: Giovanna Staggemeier e Pedro Marchi
DIAGRAMAÇÃO: Joede Bezerra
CAPA E PROJETO GRÁFICO: Gabriela Almeida
ILUSTRAÇÃO DE CAPA: Guilherme Match

EQUIPE EDITORIAL
DIRETOR: Samuel Coto
COORDENADOR: André Lodos Tangerino
EDITOR: Guilherme H. Lorenzetti
ASSISTENTE: Lais Chagas

Dados Internacionais de Catalogação na Publicação (CIP)
(BENITEZ Catalogação Ass. Editorial, MS, Brasil)

P217c   Pamplona, Pedro
1.ed.   Como Deus é um e três ao mesmo tempo? /
          Pedro Pamplona. – 1.ed. – Rio de Janeiro:
          Thomas Nelson Brasil, 2023.
             96 p.; 12 x 18 cm.

          ISBN 978-65-5689-811-7

          1. Deus – Atributos. 2. Espírito Santo – Cristianismo.
        3. Fé (Cristianismo). 4. Jesus Cristo. 5. Teologia cristã.
        6. Trindade. I. Título.

09-2023/140   CDD 231.044

Índice para catálogo sistemático:
1. Trindade: Teologia cristã   231.044
Aline Graziele Benitez – Bibliotecária - CRB-1/3129

Thomas Nelson Brasil é uma marca licenciada à Vida Melhor Editora, LTDA.
Todos os direitos reservados à Vida Melhor Editora LTDA.
Rua da Quitanda, 86, sala 601A — Centro
Rio de Janeiro — RJ — CEP 20091-005
Tel.: (21) 3175-1030
www.thomasnelson.com.br

Este livro foi impresso pela Gráfica Terrapack, em 2024, para a Thomas Nelson Brasil. O papel do miolo é Ivory Slim 65g/m^2, e o da capa é cartão 250g/m^2.

Sumário

07 Prefácio à coleção *Teologia para todos*
09 Introdução: A dádiva do mistério

PARTE 1: A VISÃO BÍBLICA SOBRE TRINDADE
14 1. O que é trindade?
18 2. Revelação trinitária no Antigo Testamento
23 3. Revelação trinitária no Novo Testamento

PARTE 2: A UNIDADE DA TRINDADE
28 4. Como Deus é um? O monoteísmo bíblico
32 5. Como Deus é um? *Homoousion*
36 6. *Homoousion*: Divindade de Pai, Filho e Espírito Santo
42 7. Como Deus é um? Pericorese

PARTE 3: A PLURALIDADE DA TRINDADE
48 8 Como Deus é três? Uma questão misteriosa
55 9. Pluralidade trinitária nas Escrituras: a geração eterna do Filho
67 10. Pluralidade trinitária nas Escrituras: a procedência eterna do Espírito

PARTE 4: TRINDADE, EVANGELHO E A VIDA CRISTÃ
74 11. A Trindade e o significado da cruz
81 12. O abandono do Filho: um mistério que vale a pena explorar
86 13. A Trindade como padrão para a igreja

Prefácio à coleção
Teologia para todos

Geralmente, quando nos interessamos por algo, alguém, alguma coisa, algum tema, fazemos perguntas sobre isso. Perguntar é um ato de gente interessada — pode ser de gente metida também, eu sei (risos), mas, aqui, estou pensando nessa atitude de maneira positiva. Os discípulos fizeram perguntas para Jesus, que muitas vezes respondeu com outras perguntas. Entre perguntas e respostas, o reino de Deus foi ensinado e aprendido.

Em diálogos honestos e relações saudáveis, perguntas sempre são bem-vindas. Jesus não teve problemas em ser questionado. Paulo escreveu duas cartas respondendo às dúvidas que recebeu da comunidade de Corinto. Aliás, podemos pressupor que, por trás dos escritos do Novo Testamento, estão questionamentos da igreja nascente.

Foi justamente por acreditar que perguntas honestas merecem respostas bíblicas que criamos a coleção *Teologia para todos*. O objetivo é fomentar, por meio de perguntas e respostas, a reflexão sobre temas importantes da fé cristã. Nossa fé foi construída em meio a um povo que experimentou a presença e a revelação divinas. O Antigo e o Novo Testamento são frutos dessa relação e da reflexão sobre quem é Deus e o que ele espera de sua criação.

Sim, Deus espera que seu povo conheça as Escrituras e saiba relacionar a revelação com a rotina! Por isso, os temas dessa coleção estarão sempre permeados pela teologia prática. A ideia central de cada livro é responder a uma pergunta ou inquietação da igreja brasileira, ao mesmo tempo que ensina princípios básicos da doutrina cristã.

Pelo tamanho do livro que você tem em mãos, fica evidente a intenção de que ele seja apenas uma introdução ao assunto da capa. Contudo, os autores e as autoras se esforçaram ao máximo para entregar, de forma sintética e clara, aquilo que é fundamental saber sobre a pergunta que gerou o livro. Para aprender mais, consulte as referências bibliográficas citadas nas notas de rodapé ao longo de cada obra. Ao estudar as fontes que os autores usaram, você pode ir mais longe.

Esperamos profundamente que este livro e todos os demais da coleção *Teologia para todos* inspirem você a viver a fé evangélica de maneira mais sóbria, a fim de que, "se alguém lhes perguntar a respeito de sua esperança, estejam sempre preparados para explicá-la" (1Pedro 3:15).

Rodrigo Bibo
Autor do best-seller *O Deus que destrói sonhos*,
criador do Bibotalk e da EBT — Escola Bibotalk de Teologia.
Casado com a Alexandra e pai da Milena e do Kalel.

Introdução
A dádiva do mistério

> *Ó profundidade da riqueza da sabedoria e do conhecimento de Deus! Quão insondáveis são os seus juízos e inescrutáveis os seus caminhos!*
>
> ROMANOS 11:33

Conta-se a história de que Agostinho de Hipona, certa vez, estava caminhando pela praia e pensando profundamente sobre a Trindade. Sua mente se elevou aos céus, pensando nos mistérios do ser de Deus. Ele caminhava e se perguntava: como pode haver três pessoas distintas — Pai, Filho e Espírito Santo — em um único Deus? Então, ele viu um garotinho brincando com um baldinho de madeira. O menino ia até o mar, enchia o balde e despejava a água num buraco na areia. Fez isso algumas vezes e Agostinho com curiosidade perguntou: "O que você está fazendo?". O menino respondeu com simplicidade: "Estou colocando toda a água do mar nesse buraco". Diante da inocência do garoto, Agostinho riu com carinho e disse: "Como podes querer colocar toda a imensidão do mar num pequeno buraco como esse?". O garoto também sorriu e respondeu: "É mais fácil colocar toda a água do mar nesse pequeno buraco do que a mente humana entender os mistérios de Deus".

Essa história é provavelmente uma lenda, mas ilustra bem meu ponto inicial. Este livro não tem o propósito de resolver o mistério da Trindade. Em Deus, o mistério não é um problema a ser resolvido; é uma dádiva a ser recebida. É a dádiva do maravilhamento que nos leva à adoração, e da

> **Em Deus, o mistério não é um problema a ser resolvido; é uma dádiva a ser recebida.**

transcendência divina que nos leva à humildade. Portanto, não ouso resolver mistério trinitário algum. Jamais! Quero apenas receber bem o mistério que a nós foi revelado.

Alister McGrath nos ajuda a entender isso quando define o que é mistério e heresia. Para ele, mistério é "alguma coisa tão grandiosa que não pode ser captada pela mente humana".[1] Podemos aprender sobre Trindade à medida que Deus se revelou como Pai, Filho e Espírito Santo nas Escrituras, mas não poderemos compreender tudo da mesma forma que compreendemos as coisas desse mundo. Deus é muito maior do que nós.

Diante da revelação de Deus, portanto, o teólogo responsável é chamado para analisar, aprender e desenvolver aquilo que pode ser examinado, enquanto preserva o mistério do incompreensível e não revelado. Todo cristão foi chamado a ser um teólogo responsável: "Toda vez que pensamos em Deus, envolvemo-nos com teologia".[2] Não todos em nível acadêmico, como teólogos profissionais, mas todos no sentido de conhecer a Deus e viver para Deus a partir daquilo que ele revelou. Assim, é perigoso construir doutrina onde Deus não pavimentou a estrada da revelação. Em outras palavras, a teologia tem duas forças limitantes, Deus e nós. Só vamos até onde Deus se revela. Só construímos até onde nossa mente compreende. Por isso, preservar o mistério é uma ação de reverência e humildade.

McGrath definiu heresia como "uma doutrina que no final acaba destruindo, desestabilizando ou distorcendo um mistério, em vez de preservá-lo".[3] Isso acontece de duas formas. A heresia pode ser produzida por falta de conhecimento ou pela extrapolação do conhecimento. Um herege pode desconhecer a revelação ou compreendê-la erroneamente. Também pode ser herege por ir além daquilo que se pode compreender, na tentativa de explicar o que Deus não explicou. Muitas vezes essas coisas andam juntas. A doutrina ariana do século 4, por exemplo, não respeitou o mistério entre

---

[1] McGRATH, Alister. *Heresia*. São Paulo: Hagnos, 2014, p. 40.
[2] SAYWER, James. *Uma introdução à teologia*. São Paulo: Vida, 2009, p. 17.
[3] SAYWER. *Uma introdução à teologia*, p. 42.

monoteísmo e divindade de Cristo. Os arianos tentaram extrapolar o conhecimento revelacional para explicar essa tensão, e erraram ao não compreender pelo texto sagrado que Jesus possui a mesma identidade divina de Deus o Pai.

O importante nessa introdução é demonstrar que o cristianismo possui mistérios, e estes são necessários para preservar a verdade sobre Deus. A Trindade é um desses temas grandiosos que possuem bastante mistério, mas também revelação. Podemos caminhar por algum tempo nessa estrada trinitária, mas chegaremos ao limite mais rápido do que em outras doutrinas. E certamente sem obter respostas humanamente inteligíveis para tudo o que perguntamos.

A pergunta "Como Deus é um e três ao mesmo tempo?" se refere a unidade e pluralidade em Deus, um tema importantíssimo do cristianismo histórico. O propósito deste livro, portanto, é entender o que a Bíblia nos diz sobre como Deus é um e três ao mesmo tempo, compreendendo o máximo possível quem Deus é e como ele age como Trindade, preservando o mistério e adorando a esse Deus grandioso em cada página e após delas. Dito isso, deixo aqui um alerta fundamental que Agostinho fez no início de sua obra clássica *A Trindade*:

> Todo aquele que ler estas explanações, quando tiver certeza do que afirmo, caminhe lado a lado comigo; quando duvidar como eu, investigue comigo; quando reconhecer que foi seu o erro, venha ter comigo; se o erro for meu, chame minha atenção. Assim haveremos de palmilhar juntos o caminho da caridade em direção àquele de quem está dito: buscai sempre a minha face (Sl 104:4) [...] por certo, nenhuma outra questão existe que ofereça mais riscos de erros, mais trabalho na investigação e mais fruto na descoberta.[4]

Espero ser um imitador da humildade agostiniana, e estendo esse convite e alerta a você. Que possamos trilhar juntos o caminho maravilhoso dessa resposta sobre unidade e pluralidade em Deus.

---

[4] AGOSTINHO. *A Trindade*. São Paulo: Paulus, 1995, p. 28.

Aqui está nossa trilha: na primeira parte, defino o que é Trindade e ofereço alguns conselhos hermenêuticos sobre essa doutrina. Na segunda, foco na unidade de Deus (como Deus é um?); e na terceira, foco na pluralidade de Deus (como Deus é três?). Na quarta e última parte, farei uma aplicação da Trindade, como Deus uno e plural, servindo de fonte do evangelho e modelo para a unidade e pluralidade da igreja. Defenderei a posição do cristianismo histórico de tradição nicena e agostiniana, usando a Bíblia, principalmente o Evangelho de João, o grande documento trinitário do Novo Testamento, como base.

Fico muito feliz de saber que você tem este livro em mãos e se interessou por esse tema! A Trindade tem sido meu maior foco nos estudos teológicos, e tenho cinco razões para considerar o estudo dessa doutrina como algo de alta importância. A primeira é que Trindade é quem Deus é. Portanto, é a visão mais alta e adequada que podemos ter de Deus. Pensar em Deus sem vê-lo como Trindade é pensar em Deus menos do que ele é. A segunda é que a Trindade é uma joia única do cristianismo. Não há em nenhuma outra crença uma concepção divina como a Trindade cristã. A terceira é o fato de que a Trindade é a base para entender as ações de Deus no mundo, influenciando diretamente outras doutrinas importantes. A quarta razão, decorrente das anteriores, é que a Trindade é uma doutrina fundamental do cristianismo, fazendo distinção entre ortodoxia e heresia. E a quinta é que entender a Trindade, principalmente em sua unidade e pluralidade, traz implicações importantes para a vida cristã.

Vamos caminhar juntos? Espero que, ao fim deste livro, você tenha entendido mais sobre Deus, se maravilhado na beleza da Trindade, preservado o mistério em reverência e adoração e se tornado um cristão mais santo, uno e plural diante do Pai, do Filho e do Espírito Santo. Como o teólogo Herman Bavinck disse, "a confissão da santíssima Trindade é a pérola preciosa que foi confiada à igreja cristã para ser protegida e defendida".[5]

---

[5] BAVINCK, Herman. *As maravilhas de Deus*. Rio de Janeiro: Thomas Nelson Brasil, 2021, p. 193.

> *Em tão grande perfeição absolutamente nada falta, pois nela há, no Pai, no Filho e no Espírito Santo, o infinito no eterno, a beleza na imagem, a intimidade no dom.*
>
> HILÁRIO DE POITIERS[1]

PARTE 1:

A VISÃO BÍBLICA SOBRE TRINDADE

POITIERS, Hilário de. *Tratado sobre a Santíssima Trindade*. São Paulo: Paulus, 2005.

CAPÍTULO 1
O que é Trindade?

Muitos evangélicos brasileiros se encontram numa condição que eu chamo de analfabetismo funcional trinitário. Afirmamos a Trindade, mas temos enorme dificuldade de explicar algo mais sobre como Deus é um e três ao mesmo tempo, principalmente usando a Bíblia. Nós nos consideramos trinitários, mas não enxergamos como essa doutrina faz diferença em nossa vida, e costumamos negligenciá-la, deixando-a apenas para o catecismo ou os ensinos "decoreba". Nem sempre foi assim. Nos primeiros séculos da igreja cristã, a divindade de Cristo e a Trindade pulsavam na mente e no coração dos grandes teólogos e nos debates eclesiásticos. O evangelho e a vida cristã eram entendidos a partir da dinâmica divina vivida entre Pai, Filho e Espírito Santo. Sobre o ombro dos pais da igreja e dos credos da patrística, os teólogos medievais e os reformadores também pensaram sobre a Trindade. Foram o racionalismo iluminista e a forte influência do liberalismo teológico que praticamente silenciaram essa doutrina por algum tempo.

Felizmente o século 20 viu um renascer do interesse na Trindade e hoje temos muitos livros sendo publicados, poucos ainda em português. Precisamos, porém, estudar e popularizar a doutrina da Trindade. Ela é importante demais para continuarmos como analfabetos funcionais trinitários.

Como podemos, então, resumir a doutrina da Trindade em algumas afirmações? Wayne Grudem fez isso de forma simples e didática em sua *Teologia sistemática* quando escreveu que "podemos definir a doutrina da Trindade do seguinte modo: Deus existe eternamente como três pessoas — Pai, Filho e Espírito Santo — e cada pessoa é plenamente Deus, e existe só um Deus".[2] Na afirmação de Grudem, encontramos três verdades distintas e, ao mesmo tempo, complementares sobre quem Deus é:

Deus existe eternamente como três pessoas — Pai, Filho e Espírito Santo — e cada pessoa é plenamente Deus, e existe só um Deus.

- Deus é três pessoas distintas;
- Cada pessoa é plenamente Deus em todos os seus atributos e qualidades;
- Só existe um Deus.

A imagem abaixo é uma ilustração clássica que explica visualmente essas três verdades:

A essas três características, adiciono uma quarta: a *pericorese*. Essa palavra grega estranha se refere à habitação mútua das pessoas da Trindade, ou seja, que Pai, Filho e Espírito Santo habitam plenamente uns nos outros. Tornarei esse conceito mais claro no próximo capítulo, quando tratarmos sobre a unidade de Deus. A pericorese é uma realidade fundamental para compreender a Trindade, suas obras e implicações para nós. Mantenha em mente, daqui em diante, a definição de Grudem e as quatros características.

---

[2] GRUDEM, Wayne. *Teologia sistemática atual e exaustiva*. São Paulo: Vida Nova, 1999, p. 165.

A próxima imagem é uma adaptação minha de um design mais moderno desenvolvido pelo projeto Visual Theology.[3] Adicionei a ela a pericorese, representada pelo círculo que toca as três pessoas da Trindade.

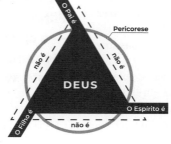

Essas duas imagens nos ajudam a entender visualmente as afirmações básicas sobre Pai, Filho e Espírito Santo. Não pense, porém, que elas conseguem representar adequadamente tudo o que a Trindade é. Nem perto disso! Elas são instrumentos didáticos que oferecem um ponto de partida para uma longa viagem através das relações e ações trinitárias. E é exatamente isto o que este capítulo pretende fazer, fornecer um ponto de partida bíblico que funcionará como cercas de segurança teológica quando estivermos falando sobre unidade e pluralidade em Deus.

CUIDADO, A BÍBLIA NÃO É UMA TEOLOGIA SISTEMÁTICA!

Os principais termos que usamos hoje para falar sobre Trindade — como Pessoa, substância, essência, imanência, economia, pericorese, *homoousios*, geração eterna, procedência eterna e até mesmo a própria palavra "Trindade" — são termos que não estão na Bíblia. Todos são desenvolvimentos históricos que vieram após os escritos bíblicos. "Trindade" (*trinitas*), por exemplo, foi usado pela primeira vez por Tertuliano no terceiro século enquanto ele defendia e explicava a doutrina bíblica sobre Pai, Filho e Espírito Santo contra a heresia modalista.

---

[3] Segundo o layout de "The Trinity". Disponível em: https://visualtheology.church/shop/posters/systematic-theology/the-trinity/. Acesso em 19 mai. 2022.

Portanto, não devemos ir às Escrituras procurando por textos que contenham esses termos. Isso será frustrante. Não devemos pensar que esses termos são os fundamentos da doutrina da Trindade; pelo contrário, são explicações que resumem os fundamentos. Eles foram bem utilizados pelos teólogos, mas não foram utilizados por Deus. Não foi pela via da forma grega de pensar e organizar conhecimento que Deus se apresentou a nós como Trindade. Ele fez isso de forma mais hebraica, por meio dos seus atos e falas que alcançaram homens que escreveram sobre isso a partir de suas experiências com Deus.

A Bíblia não é um livro de teologia sistemática nem um dicionário teológico. Você não encontrará um capítulo bíblico dedicado a explicar a Trindade, como faz um credo histórico ou capítulo de teologia sistemática. Você encontrará Deus agindo e falando de forma una e plural numa revelação progressiva de Gênesis a Apocalipse. Esse é o fundamento! Esse deve ser o foco central do nosso estudo. Precisamos fazer exegese e teologia bíblica antes de partir para a teologia sistemática e histórica. Se pularmos as etapas e confundirmos os fundamentos duas coisas vão acontecer. Primeiro, teremos um conhecimento doutrinário biblicamente fraco. Segundo, poderemos cair na lábia daqueles que dizem que a Trindade não é uma verdade bíblica, pois foi formulada apenas nos terceiro e quarto séculos, por vários teólogos e até mesmo pelo imperador Constantino. Se temos apenas a base histórica, esse é um argumento que pode balançar nossas convicções.

Eu comecei com quatro afirmações sistematizadas para explicar o que significa a Trindade e lhe dar uma noção do caminho que estamos trilhando. Agora chegou a hora de buscar o fundamento dessas afirmações na Palavra de Deus. Porém, farei algo um pouco diferente do que talvez você esteja esperando. Não quero citar aqui apenas vários textos-prova que, juntos, apontam para a doutrina da Trindade. Quero preparar você para entender como a Trindade aparece nas Escrituras. Estou lhe mostrando o caminho das pedras para você estudar essa doutrina com mais consciência, em vez de forçar categorias sistemáticas sobre os textos e se frustrar tentando encontrar Trindade onde ela não está.

Prepare os neurônios!

• CAPÍTULO 2
Revelação trinitária no Antigo Testamento

Deus não se revelou por meio de teologias sistemáticas nem de dicionários teológicos. Espero que isso esteja claro. Ele se revelou agindo e falando em seus atos redentivos na história e através das experiências que algumas pessoas tiveram com esses atos e falas divinos. A revelação de Deus está no que a teologia chama de *economia da salvação*. "Economia" vem da palavra grega *oikonomia*, que usa os termos "oikos" (casa; família) e "nomos" (lei; princípio). Seu significado literalmente é algo como "administração, gestão do lar". É por isso que usamos "economia", no cotidiano, para falar de finanças e atividades de gestão de uma família, empresa ou país. Na teologia, essa palavra está mais ligada ao que Deus está fazendo ou como ele está administrando esse mundo. Falamos em economia da salvação para nos referir aos atos de Deus no mundo para realizar o seu plano de salvação. E é por meio desses atos que conhecemos a Deus. Toda a doutrina cristã que temos só existe porque Deus está agindo no mundo. Se não fosse assim, jamais poderíamos conhecer a Deus.

A Bíblia, portanto, conta a grande história do plano de salvação que Deus tem colocado em prática. Ela é o registro da economia da salvação. O povo de Deus, ao longo do Antigo e Novo Testamentos, viu e ouviu Deus agindo, interpretou esses atos divinos, formulou crenças a partir deles e escreveu a respeito. É por isso que quando desejamos enxergar a Trindade na Bíblia, não devemos procurar por "Trindade" ou outros termos sistemáticos/históricos, mas sim pelos atos divinos que nos mostram Pai, Filho e Espírito Santo em ação. Devemos procurar pelo que os teólogos chamam de "Trindade econômica", ou seja, as ações da Trindade na economia da salvação.

Aqui precisamos entender a distinção e relação entre Trindade econômica e Trindade ontológica (ou imanente). Esses são dois termos importantes que você encontrará no estudo sobre Trindade. John Frame explicou bem:

> A Trindade ontológica (às vezes chamada de Trindade imanente) é a Trindade como existe necessária e eternamente, à parte da criação. Ela é, como os atributos de Deus, o que Deus necessariamente é. A Trindade econômica é a Trindade em sua relação com a criação, incluindo os papéis específicos desempenhados pelas pessoas trinitárias ao longo da história da criação, da providência e da redenção.[1]

Não pense que existem duas Trindades. Essa distinção é apenas uma forma didática de falar sobre o ser de Deus e aquilo que conhecemos do ser de Deus. Lembra-se do que falei sobre mistério? Conhecemos a Deus à medida que ele se revela a nós, agindo na economia da salvação. Portanto, não conhecemos tudo sobre Deus. Ele é maior do que a nossa percepção dos seus atos! Quando falamos de Trindade, não entendemos plenamente como é a relação entre Pai, Filho e Espírito Santo na eternidade. Entendemos apenas aquilo que é possível a partir de seus atos na criação. Mas não fique desanimado, creio que Deus revelou muito de si mesmo em seus atos, e tenho certeza de que essa revelação é suficiente para nós. Creio que Deus se revelou como ele é, e as diferenças ficam no nível da profundidade, não de características ou de atributos diferentes. Deus se revelou como Pai, Filho e Espírito Santo porque é eternamente Pai, Filho e Espírito Santo.

---

[1] FRAME, John. *A doutrina de Deus*. São Paulo: Cultura Cristã, 2013, p. 525.

Por que, então, estou falando desses termos complicados? Porque ao procurar pela Trindade na Bíblia, ou tentar entender como Deus é um e três ao mesmo tempo, devemos sempre olhar para as ações de Deus como Pai, Filho e Espírito, e para o que os autores inspirados entenderam sobre essas ações. Não é possível usar um telescópio para enxergar a Trindade ontológica. É preciso ler sobre a Trindade econômica. Deus age como Pai, Filho e Espírito Santo no Antigo Testamento? Como? Deus age como Pai, Filho e Espírito Santo no Novo Testamento? Como? Como os autores bíblicos do Antigo e Novo Testamentos entenderam esses atos divinos? Quando você tiver esse olhar para a Trindade econômica, então será capaz de ler a Palavra de Deus fazendo teologia bíblica trinitária, e respeitando o que cada texto, em cada momento da história da redenção, revela sobre as ações de Pai, Filho e Espírito Santo.

A TRINDADE NO ANTIGO TESTAMENTO

Serei prático agora. Vamos ao Antigo Testamento primeiro. Alguns teólogos já enxergaram a Trindade ou apontamentos para ela em alguns elementos textuais entre Gênesis e Malaquias. Em meio a esses elementos estão a distinção entre os nomes Elohim e Yahweh, a forma plural do nome Elohim, o conceito de anjo do Senhor, o conceito de sabedoria personificada, o conceito de palavra do Senhor personificada, a doutrina do Espírito de Deus no Antigo Testamento, passagens nas quais Deus fala de si mesmo no plural e passagens em que Deus é citado mais de uma vez ou com repetições de atributos (Santo, Santo, Santo). Será que todos esses elementos revelam a Trindade no Antigo Testamento? Creio que não. Alguns deles são fracos no que dizem respeito à revelação trinitária, com exceção de alguns que comentarei rapidamente a seguir.

O conceito de anjo do Senhor (cf. Gênesis 16:10; 22:12; 31:11; Oseias 12:3) é interessante para mostrar algum tipo de pluralidade em Deus. O anjo do Senhor é tanto o mensageiro divino como o próprio Deus. As personificações da palavra de Deus e principalmente da sabedoria divina (cf. Provérbios 8) também apontam para alguma pluralidade em Deus. Richard Bauckham afirma, em relação à sabedoria personificada, que "esses escritores judeus imaginam alguma forma de distinção real dentro da identidade única do único Deus".[2] A presença e atuação do Espírito Santo também podem indicar alguma pluralidade em Deus. Ele é citado com atitudes pessoais, como guiar, instruir, entristecer-se, além de dar vida (cf. Gênesis 1:2; Salmos 33:9; 104:29-30); capacitar pessoas (cf. Números 27:18; Juízes 3:10; 1Samuel 16:13); habitar pessoas (Números 27:18; Deuteronômio 34:7; Ezequiel 2:2); e estar sobre o Messias (cf. Isaías 11:2; 42:1; 61:1). Mesmo assim, essas ações estão muito ligadas a Deus, e não há evidências de que o Espírito fosse visto como uma pessoa distinta em relação a outras pessoas divinas.

Por fim, o fato de Deus usar o plural para falar de si mesmo (cf. Gênesis 1:26; 3:22; 11:7; Isaías 6:8) também não é evidência clara sobre a Trindade, pois há outras interpretações possíveis, como o uso do plural de majestade e a possibilidade de Deus estar falando de si e do seu conselho divino de anjos. Se a interpretação correta for a da pluralidade em Deus, o máximo que ela pode nos dizer é exatamente que há algum tipo de pluralidade em Deus.

Minha conclusão sobre o Antigo Testamento é que nele não há revelação clara sobre a Trindade. Isso não quer dizer que Deus não fosse Trindade no Antigo Testamento. Volto aos conceitos de Trindade ontológica e econômica. Deus sempre foi Trindade (ontológica), mas no Antigo Testamento, seus atos divinos não revelaram seu ser Trino (econômica). Podemos dizer que no Antigo Testamento, a Trindade é uma realidade oculta, com alguns vestígios de pluralidade em Deus.

> **No Antigo Testamento, a Trindade é uma realidade oculta, com alguns vestígios de pluralidade em Deus.**

É difícil também perceber alguma consciência trinitária nos autores do Antigo Testamento. Por falta de uma revelação mais clara, eles não poderiam ter escrito de maneira direta sobre essa

---

[2] BAUCKHAM, Richard. *Jesus and the God of Israel*. Grand Rapids: Eerdmans, 2008, p. 57.

pluralidade e triunidade em Deus. Millard Erickson afirma algo muito importante sobre o Antigo Testamento:

> Não podemos esperar encontrar uma visão da Trindade na ideia de Deus, explícita ou implícita. O que queremos determinar, no entanto, é se dentro desse entendimento de Deus existe largura suficiente para ser, no mínimo, não incompatível com o conceito trinitário.[3]

O que encontramos, portanto, no Antigo Testamento são vestígios de revelação trinitária que preparam o povo de Deus para a revelação mais clara do Novo Testamento. A ideia de pluralidade vai sendo construída através desses vestígios dentro da fé monoteísta de Israel. Como Erickson, podemos dizer que a revelação divina do Antigo Testamento não é incompatível com o a revelação trinitária do Novo.

Mas preste atenção. Existem quatro tipos de texto que, quando lidos juntos, formam uma consciência trinitária no leitor:

1. textos que afirmam um único Deus;
2. textos que afirmam a divindade de Pai, Filho e Espírito Santo como pessoas distintas;
3. textos que mostram as relações trinitárias;
4. textos que mostram as três pessoas juntas com mesmo status.

No Antigo Testamento só encontraremos textos do primeiro tipo. Se queremos estudar Trindade nas Escrituras, precisamos ir ao Antigo Testamento para entender que Deus é um só e que esse Deus preparou o terreno para se apresentar como Trindade no Novo Testamento. Encontrar os outros três tipos de texto de maneira clara e completa no Antigo Testamento é forçar uma interpretação sistemática sobre o texto bíblico. É no Novo Testamento que a Trindade desabrocha diante dos nossos olhos.

---

[3] ERICKSON, Millard. *God in Three Persons*. Grand Rapids: Baker Books, 1995, p. 163.

● CAPÍTULO 3

Revelação trinitária no Novo Testamento

O que muda, então, no Novo Testamento para que a flor trinitária desabroche em toda sua beleza? Algo inédito, grandioso em proporções cósmicas e impactante em todos os níveis da realidade acontece. Aquilo que Tolkien chamou de eucatástrofe da história humana. Deus nasceu entre nós. Uma das pessoas divinas se fez homem. O Filho eterno se tornou Jesus, o Cristo. É a partir desse evento e do posterior envio do Espírito Santo, que Deus começou a se revelar claramente como Trindade. Como? Agindo nas pessoas do Pai, Filho e Espírito Santo.

No Novo Testamento, a flor trinitária desabrocha em toda a sua beleza, pois algo inédito e grandioso acontece: Deus nasce entre nós.

É a partir dos atos distintos de cada um como Trindade econômica que o Novo Testamento nos apresenta a divindade de Pai, Filho e Espírito Santo, suas relações/distinções e mais detalhes sobre a unidade que há entre eles, além de apresentar as fórmulas trinitárias, ou seja, os textos em que os três aparecem juntos. Podemos dizer que, no Novo Testamento, a Trindade é uma realidade revelada de forma indireta, pois está clara não por afirmações sistemáticas, mas pelos atos divinos, padrões trinitários e a reflexão sobre eles. A tabela a seguir ajuda a nos guiar nesse estudo trinitário nas Escrituras.

ANTIGO TESTAMENTO	NOVO TESTAMENTO
Realidade oculta	Realidade revelada indiretamente
Vestígios da Trindade	Ações e padrões trinitários
Podemos enxergar a unidade de Deus e indícios de alguma pluralidade	Podemos enxergar mais sobre a unidade de Deus e entender sua pluralidade trinitária

Note o fato de que a Trindade é a realidade sobre Deus em ambos os Testamentos. Mais uma vez, bato na tecla de que Deus sempre foi Trindade, desde a eternidade (Trindade Imanente), e o fato de se revelar mais claramente apenas no Novo Testamento (Trindade Econômica) não muda isso. Ao procurarmos a resposta sobre como Deus é um, podemos fazer isso olhando em partes para o Antigo Testamento, mas ao procurarmos a resposta sobre como Deus é três, olharemos para o Novo Testamento. Nos próximos capítulos buscarei essas respostas a partir dos quatro tipos de texto que mencionei anteriormente. Porém, quero mostrar antes uma conexão trinitária belíssima e gloriosa entre Antigo e Novo Testamento. Trata-se de uma revelação progressiva ao longo da Bíblia que nos mostra na prática o que resumi na tabela acima. Convido você a viajar mentalmente comigo e usar sua imaginação para se colocar no lugar de Isaías diante da visão do trono de Deus:

> No ano em que o rei Uzias morreu, eu vi o Senhor assentado num trono alto e exaltado, e a aba de sua veste enchia o templo.
>
> [O Senhor me disse]: Torne insensível o coração deste povo;
>
> torne surdos os seus ouvidos
>
> e feche os seus olhos.
>
> Que eles não vejam com os olhos,
>
> não ouçam com os ouvidos,
>
> e não entendam com o coração,
>
> para que não se convertam
>
> e sejam curados" (Isaías 6:1,10).

Na primeira parte do texto, Isaías relata seu encontro com o Senhor chamando-o de Adonai, um dos nomes usados para se referir a Yahweh, o Deus de Israel. A segunda parte do texto registra o que Deus ordenou que Isaías falasse à nação de Israel. Esse episódio mostra a visão do profeta e seu encontro com o Deus único de Israel, apresentado nestes termos em Deuteronômio 6:4: "Ouça, ó Israel: O Senhor, o nosso Deus, *é o único Senhor*".

Com isso em mente, é extremamente interessante ver como o Novo Testamento olha para esse episódio de Isaías e lhe adiciona uma revelação. João, citando essa conversa entre Isaías e Deus, escreveu o seguinte: "Isaías disse isso porque viu *a glória de Jesus e falou sobre ele* (João 12:41).

Essa citação do profeta Isaías, feita por João, é justamente o versículo 10 de Isaías 6. João cita diretamente o texto escrito pelo profeta Isaías e diz que aquele que o profeta viu assentado no alto e sublime trono era Jesus Cristo. Uau! Aqui, o Novo Testamento adiciona um novo elemento revelacional sobre a visão de Isaías. Com isso, João afirma que a glória de Yahweh, o Deus único de Israel, é a mesma glória de Jesus, o nazareno, filho de Maria. Jesus, o Filho, é o Deus que Isaías viu! Como João, Paulo também falou sobre esse episódio. No registro de Lucas, em Atos, lemos:

> Alguns foram convencidos pelo que ele dizia, mas outros não creram. Discordaram entre si mesmos e começaram a ir embora, depois de Paulo ter feito esta declaração final: "Bem que o Espírito Santo falou aos seus antepassados, por meio do profeta Isaías:
>
> 'Vá a este povo e diga:
> Ainda que estejam sempre ouvindo,
> vocês nunca entenderão;
> ainda que estejam sempre vendo,
> jamais perceberão'" (Atos 28:24).

Essa citação de Paulo também é de Isaías 6, agora do versículo 9. E mais uma vez há um novo elemento revelacional adicionado pelo Novo Testamento. Paulo diz que foi o Espírito Santo que falou com o profeta durante aquela visão. Isso é incrível! A partir do Novo

Testamento, entendemos que Isaías, em seu encontro com Yahweh, o Deus único de Israel, viu a glória de Deus, o Filho, e ouviu Deus, o Espírito Santo. Quem, então, estava na visão do profeta naquele período do Antigo Testamento? Deus, a Trindade!

Isaías não tinha essa consciência, mas nós temos. Para ele, era uma realidade oculta, para nós, uma realidade revelada. Isaías sabia que Deus era um. O Novo Testamento nos diz que ele também é três. Como pode ser? Veremos nos próximos capítulos. Antes, é necessário pausar diante da visão de Isaías e do que o Novo Testamento revelou sobre ela, e dizer como Gregório de Nazianzo:

> Mal me dou conta do Um e sou iluminado pelo esplendor dos três; mal os distingo e sou levado de volta ao Um. Quando penso em qualquer um dos três, penso nele como um todo, meus olhos são preenchidos e a maior parte do que estou pensando me escapa [...]. Quando contemplo os três juntos, vejo apenas uma chama e não posso dividir nem mensurar a luz indivisível.[1]

A Trindade é o mesmo Deus ontem, hoje e sempre! E entendemos que Deus é trino a partir das missões do Filho e do Espírito Santo, que, enviados pelo Pai, atuaram e atuam para nossa salvação. Quando você elevar seus pensamentos a Deus para adorá-lo, pense sempre nele como Trindade. Pense no mistério de um único Deus em três pessoas divinas. Pense nas ações deles para alcançar e salvar pecadores perdidos como eu e você. Essa é a visão mais alta e sublime que você pode ter de Deus. Nesse sentido, somos mais privilegiados do que Isaías. Aproveite!

> **Quando você elevar seus pensamentos a Deus para adorá-lo, pense sempre nele como Trindade. Pense no mistério de um único Deus em três pessoas divinas.**

---

[1] Citado em: LETHAM, Robert. *The Holy Trinity: in scripture, history, theology and worship.* Philipsburg: P&R, 2004, p. 164.

> *Mas a fé universal é esta, que adoremos um único Deus em Trindade, e a Trindade em unidade. Não confundindo as pessoas, nem dividindo a substância.*
>
> CREDO DE ATANÁSIO

PARTE 2

A UNIDADE DA TRINDADE

● CAPÍTULO 4

Como Deus é um? O monoteísmo bíblico

Nosso Deus é Pai, Filho e Espírito Santo. Temos três pessoas divinas no cristianismo. A conclusão mais natural de quem lê apenas isso seria a de achar que temos três deuses. E olhando apenas para essas informações parece mesmo que a fé cristã é politeísta. Procure no Google por "Trindade hindu" e você encontrará explicações sobre os três principais deuses do hinduísmo: Brahma, Vishnu e Shiva. Segundo a fé hindu, eles foram criados por um Deus supremo desconhecido, e são deuses distintos que formam essa tríade de deuses principais. Por que, então, Pai, Filho e Espírito Santo não são os três deuses principais do cristianismo, assim como Brahma, Vishnu e Shiva são os principais do hinduísmo? Esse capítulo trabalhará justamente essa resposta a partir da verdade bíblica de que Deus é um só.

A unidade do Deus cristão faz toda a diferença, e precisamos ter uma resposta mais clara sobre ela para entender a única e verdadeira Trindade. Faremos isso através dos quatro tipos de texto que mencionei no capítulo "Revelação trinitária no Antigo Testamento":

1. textos que afirmam um único Deus;
2. textos que afirmam a divindade de Pai, Filho e Espírito Santo como pessoas distintas;
3. textos que mostram as relações trinitárias;
4. textos que mostram as três pessoas juntas com mesmo status.

Nossa principal fonte deve ser a Bíblia. Olharemos para o Antigo Testamento como base para o monoteísmo, e depois examinaremos a revelação trinitária no Novo Testamento para ver de que forma Pai, Filho e Espírito Santo cabem nesse monoteísmo bíblico. Precisamos primeiro estar certos de que a Bíblia afirma que temos um único Deus, e então poderemos caminhar mais seguros no estudo sobre a unidade da Trindade. Nossa investigação começa agora!

A BÍBLIA É UM LIVRO DE UM DEUS SÓ

No Antigo Testamento, Deus escolheu se revelar para e a partir de uma nação, Israel. Após os relatos da origem do mundo, do homem e dos povos, registrados em Gênesis 1—11, encontramos no capítulo 12 o Senhor falando com Abrão e chamando-o para ser o pai dessa nação. O restante do livro de Gênesis trata sobre a família de Abrão, seus descendentes e as origens da nação de Israel.

Em Êxodo 1—15, lemos sobre como Deus se revelou a Moisés e libertou o seu povo da escravidão do Egito. A partir do capítulo 16, então, lemos sobre como Deus lidou com o povo hebreu no deserto e como, revelação após revelação, Deus moldou esse povo para se tornar a nação de Israel na terra prometida. Quando chegamos em Deuteronômio, encontramos o povo de Deus prestes a entrar nessa terra, Canaã. Mas havia um problema: os hebreus teriam contato com os outros povos que habitavam na terra. Povos que tinham outros deuses. E agora?

Por conta disso, Deuteronômio é um conjunto de discursos de Moisés preparando o povo de Deus para viver em Canaã. São também as últimas palavras de Moisés, e ele deseja que a lei pactual do Senhor seja bem entendida e praticada pelo povo. São discursos que repetem e desenvolvem os dez mandamentos, tendo como ponto fundamental o fato de que só existe um Deus, o Deus de Abrão, Isaque e Jacó, Yahweh, o Eu Sou. Deuteronômio 4:35 nos diz que todas as revelações e milagres de Deus foram mostrados ao povo "para que soubessem que o Senhor é Deus, e que não há outro além dele". No versículo 39 lemos que "o Senhor é Deus em cima nos céus e embaixo na terra. Não há nenhum outro". No capítulo 5 temos a repetição dos dez mandamentos, cujo primeiro diz "Não terás outros deuses além de mim" (v. 7). Então chegamos ao capítulo 6 e a um dos textos mais importantes do Antigo Testamento: "Ouça, ó Israel: O Senhor, o nosso Deus, é o único Senhor" (Deuteronômio 6:4).

Esse texto é conhecido como *shemá*, palavra hebraica que significa "ouvir". Israel deveria ouvir e obedecer. Israel deveria considerar seriamente que Deus é o único Senhor. Peter Craigie comentou muito bem sobre esse texto e o uso da palavra "único" em seu comentário de Deuteronômio:

> A palavra expressa não apenas a singularidade, mas também a unidade de Deus. Como um Deus (ou o "Único"), quando ele falava, não havia outro para contradizê-lo; quando ele prometia, não havia outro para revogar essa promessa; quando ele advertia não havia outro para prover refúgio dessa advertência. Ele não era apenas o primeiro entre os deuses, como Baal no panteão cananeu, Amon-Rá no Egito ou Marduque na Babilônia; ele era o único Deus e, como tal, ele era onipotente.[1]

Deus é um só, e na religião de Israel não há outros deuses para cooperar ou competir com ele. Todo o Antigo Testamento defende essa verdade, e era uma enorme heresia e blasfêmia ir contra esse dogma. O cristianismo também parte dessa mesma crença. Jesus repete o *shemá* quando é perguntado por um escriba sobre qual é o maior mandamento (Marcos 12:29). Os judeus que seguiram Jesus e aceitaram sua divindade não negaram o monoteísmo judaico. Paulo é um exemplo disso quando diz que "existe um só Deus" (Romanos 3:30; 1Coríntios 8:4). Tiago também demonstra crer nessa verdade quando afirma "Você crê que existe um só Deus? Muito bem! Até mesmo os demônios creem — e tremem!" (Tiago 2:19). Sim, em toda a Bíblia, Antigo e Novo Testamentos, Deus é um só. A fé judaico-cristã é monoteísta, muito monoteísta.

---

[1] CRAIGIE, Peter C. *The book of Deuteronomy*. New International Commentary on the Old Testament. Grand Rapids: Eerdmans, 1976, p. 257.

Agora precisamos ter calma. O *shemá* e outros textos que dizem que o Deus de Israel é o único Deus — textos do primeiro tipo — não estão falando sobre a unidade da Trindade. Estão apenas estabelecendo o ponto de partida. Jamais pense que a revelação neotestamentária de Pai, Filho e Espírito Santo significa que agora temos três deuses. Jamais pense que o Novo Testamento está contradizendo o monoteísmo do Antigo Testamento. Estamos atrás justamente da resposta sobre como três pessoas divinas são um único Deus. E é preciso fazer essa distinção entre "Deus" e "pessoas" agora. A Trindade não é ilógica, como muitos dizem. Não se trata de uma contradição. Como bem destacou Jonas Madureira, "Segundo Aristóteles, uma contradição ocorre quando uma conjunção apresenta uma proposição e, ao mesmo tempo, a sua negação".[2] Contraditório seria afirmar que temos um Deus e três deuses ou uma pessoa e três pessoas. Na Trindade temos um Deus *e* três pessoas. São duas proposições diferentes, mas não antagônicas. Uma não nega a outra. Como diria Madureira, essa é uma verdade suprarracional, não irracional. Pode ser difícil de entender, mas não se trata de uma contradição lógica. E é por isso que a Trindade é "um mistério que humilha a inteligência humana".[3] Algumas coisas ficarão mais claras a partir de agora, e isso humilhará nossa inteligência diante de Deus.

> **Jamais pense que a revelação neotestamentária de Pai, Filho e Espírito Santo significa que agora temos três deuses. Jamais pense que o Novo Testamento está contradizendo o monoteísmo do Antigo Testamento.**

---

[2] MADUREIRA, Jonas. *Inteligência humilhada*. São Paulo: Vida Nova, 2017, p. 126.
[3] MADUREIRA. *Inteligência humilhada*, p. 127.

• CAPÍTULO 5

Como Deus é um?
Homoousion

Toda teologia é fruto do seu tempo. Todo debate teológico é influenciado por seu contexto histórico. Portanto, faça comigo o exercício mental de entrar num DeLorean voador,[1] ajustar a data no painel e voltar para os primeiros séculos da igreja cristã. A divindade de Jesus estava em debate!

"Uau, pastor!", você diria, "como algo tão óbvio e fundamental estava sendo debatido assim? As pessoas duvidavam de que Jesus era Deus?". Isso mesmo. (Mais uma dica: não estude história da teologia sem esse exercício de voltar no tempo. Costumo comparar a teologia com um trilho de trem. Hoje, com dois mil anos de tradição teológica cristã, podemos nos sentar na poltrona de um trem e deslizar seguros sobre trilhos que foram bem construídos e nos levarão ao destino correto. O máximo que fazemos é nos movimentar pelos vagões. Naquela época não era assim. Os teólogos dos primeiros séculos não tinham trilhos, eles estavam abrindo as florestas e montanhas para construir a ferrovia. Muita coisa que é clara e consolidada para nós, hoje só é clara e consolidada porque um dia esteve em debate. Devemos ter esse olhar cuidadoso com a história da teologia.)

Pois bem, agora imagine que o DeLorean voador estacionou perto do templo em Jerusalém. Você está no tempo de Jesus e, ao entrar no templo, encontra um grupo de judeus em volta de Cristo. Ele está sendo questionado, e fala com autoridade enquanto todos escutam com semblante de dúvida e espanto. Então você se aproxima e ouve

---

[1] Se você não sabe o que é um DeLorean, faça um favor a sua vida e assista ao filme *De Volta Para o Futuro* (1985).

Jesus falando: "Eu lhes afirmo que antes de Abraão nascer, Eu Sou!" (João 8:58). Uma agitação começa, e logo uma correria toma conta do lugar. Estão procurando por pedras para atirar em Jesus. No meio da confusão, você perde Jesus de vista e não o encontra mais. Por curiosidade, você indaga a um dos presentes o que aconteceu. Sabe o que você escutaria? "Aquele homem acabou de dizer que é Deus, o nosso Deus de Israel. Por isso tentamos apedrejá-lo. O que ele disse foi uma grande blasfêmia!". Esse é o contexto de Jesus e seus discípulos.

O que você faria se sempre tivesse aprendido que o Deus de Israel é o único Senhor, único Deus, e agora estivesse vendo e sendo levado a crer num homem que se diz o próprio Deus de Israel? E mais, que se diz Filho de Deus (cf. João 5:17). Que diz que ele e esse Deus são um (cf. João 10:30). Os primeiros discípulos creram em Jesus e enfrentaram essa questão. Nos primeiros séculos da igreja, esse foi um tema muito debatido. De um lado estava a necessidade de afirmar o monoteísmo, do outro, a figura divina de Jesus. Como conciliar essas duas coisas? Algumas tentativas de explicação acabaram em heresia, a mais famosa delas foi o arianismo. Em resumo, Ário ensinava que Deus é um só, o Pai, e que Jesus, o Filho, foi criado em algum momento, não tendo a mesma substância divina que o Pai. O Filho, para Ário seria um tipo de demiurgo, uma divindade menor ou secundária.

Para responder a essa proposta teológica que ganhou muito espaço no início do quarto século, um concílio eclesiástico, que contou com a presença do imperador romano Constantino, foi convocado na cidade de Niceia. O concílio de Niceia foi um grande concílio ecumênico da igreja cristã, ocorrendo no ano 325, para resolver uma questão cristológica que teve grande impacto na doutrina da Trindade. Ário propôs uma distinção muito radical entre Pai e Filho, a ponto de negar a igualdade de divindade entre eles. O concílio então, negou a cristologia de Ário e propôs uma resposta teológica que afirmou a igualdade divina ente Pai e Filho. Niceia trabalhou fortemente a questão da unidade entre eles, e aqui está o que ficou conhecido como credo niceno:

COMO DEUS É UM E TRÊS AO MESMO TEMPO?

> Cremos em um só Deus, Pai onipotente, criador do céu e da terra, de todas as coisas visíveis e invisíveis. Cremos em um só Senhor, Jesus Cristo, Filho Unigênito de Deus, gerado do Pai desde toda a eternidade, Deus de Deus, Luz da Luz, Deus verdadeiro de Deus verdadeiro, gerado, não criado, consubstancial ao Pai; por Ele todas as coisas foram feitas. Por nós e para nossa salvação, desceu dos céus; encarnou por obra do Espírito Santo, no seio da Virgem Maria, e fez-se verdadeiro homem. Por nós, foi crucificado sob Pôncio Pilatos; sofreu a morte e foi sepultado. Ressuscitou ao terceiro dia, conforme as Escrituras; subiu aos céus, e está sentado à direita do Pai. De novo há de vir em glória, para julgar os vivos e os mortos; e o seu reino não terá fim. Cremos no Espírito Santo.
>
> Com referência àqueles que dizem que "o mundo já existia antes dele" e que "antes de haver nascido ele não existia" e que "ele veio a existir a partir do nada", ou, ainda, que afirmam que o Filho de Deus não possui a mesma substância ou natureza de Deus, ou que ele está sujeito à alteração ou mudança — a igreja católica e apostólica os condena.[2]

Depois da introdução sobre a crença no Pai e no Filho, o credo foca na igualdade entre ambos. Esse ponto está diretamente afirmado na expressão "consubstancial ao Pai". Isso quer dizer que Deus, o Pai, e Deus, o Filho, possuem a mesma substância ou essência divina. Eles são Deus da mesma maneira, do mesmo nível. A palavra grega que ficou famosa e que significa consubstancial é *homoousion* (literalmente "mesma substância"). Posteriormente, os teólogos continuaram debatendo sobre os assuntos de Niceia e deram um foco maior ao Espírito Santo. Atanásio e os capadócios, principalmente Basílio, trabalharam bastante para afirmar a divindade do Espírito e defender que ele era *homoousion* com o Pai e o Filho. Em 381, no concílio de Constantinopla, isso foi afirmado e uma adição sobre o Espírito Santo foi feita ao credo niceno, como veremos no capítulo 1 da Parte III.

---

[2] McGRATH, Alister. *Teologia sistemática, histórica e filosófica*. São Paulo: Shedd, 2005, p. 55.

Deus é um em substância. Pai Filho e Espírito Santo são um único Deus porque todos possuem a mesma substância divina. Eles são *homoousion*. Após os concílios de Niceia e Constantinopla, quem trabalhou esse conceito de unidade da Trindade da maneira mais marcante foi Agostinho. Ao escrever *A Trindade* no início do quinto século, ele disse: "O Pai, o Filho e o Espírito Santo perfazem uma unidade divina pela inseparável igualdade de uma única substância. Não são, portanto, três deuses, mas um só Deus".[3]

Já vimos como o primeiro tipo de texto sobre a Trindade mostra que toda a Bíblia ensina sobre um único Deus. Agora vamos olhar no Novo Testamento para os textos do segundo tipo, textos que afirmam a divindade de Pai, Filho e Espírito Santo, e do quarto tipo, textos que mostram as três pessoas juntas com mesmo status. Farei isso de modo resumido no próximo capítulo.

---

[3] AGOSTINHO. *A Trindade*, p. 31.

● CAPÍTULO 6

Homoousion: Divindade de Pai, Filho e Espírito Santo

O Evangelho de João é o texto por onde começaremos nossa análise. O prólogo de João destaca a divindade do Verbo e de Deus como pessoas divinas distintas. O versículo 1 diz: "No princípio era aquele que é a Palavra. Ele estava com Deus, e era Deus". O texto foca na ação e identidade da Palavra. Aquele que é a Palavra é apresentado como quem estava no princípio de todas as coisas. João começa seu livro com a mesma abertura de Gênesis, e conecta a Palavra ao que já existia antes da criação. No versículo 3, lemos que ele foi um agente na criação, e no versículo 4, entendemos que ele é o portador da vida e luz dos homens.

Quem é a Palavra? O versículo 14 deixa óbvio, quando diz: "Aquele que é a Palavra tornou-se carne e viveu entre nós. Vimos a sua glória, glória como do Unigênito vindo do Pai, cheio de graça e de verdade". A Palavra *é aquele que* se encarnou, Jesus Cristo, o Filho unigênito de Deus.

O prólogo de João termina no versículo 18, afirmando que "Ninguém jamais viu a Deus, mas o Deus Unigênito, que está junto do Pai, o tornou conhecido". Com isso, entende-se que a Palavra, chamado Deus Unigênito, está junto do Pai, ou seja, do Deus citado no versículo 1. Portanto, em seu prólogo, João diz que Pai e Filho são Deus.

A referência a João Batista no versículo 6 como aquele que veio testificar a respeito da luz deixa claro que a Palavra, chamada "de luz dos homens" nos versículos 4 e 5, é Jesus. O versículo 14 diz que a Palavra tornou-se carne, cheia de graça e verdade, e o versículo 17 nomeia Jesus Cristo pela primeira vez no Evangelho como aquele que trouxe graça e verdade aos homens. Quando juntamos esses termos usados por João e construímos uma linha de raciocínio acerca de Jesus conseguimos perceber que João está dizendo que ele é simultaneamente Deus e Palavra de Deus, que essa Palavra encarnou e trouxe revelação especial de Deus para iluminar nossas vidas com graça e verdade. Jesus ser Deus significa muito para nós.

Essa verdade está presente em todo o Quarto Evangelho. O teólogo Andreas Köstenberger lista que, só neste Evangelho, há 136 ocorrências da palavra *pater*, o termo grego para "pai", e 120 delas se referem a Deus.[1] Outros textos do Novo Testamento também mostram a divindade do Pai:

> Bendito seja o Deus e Pai de nosso Senhor Jesus Cristo, Pai de misericórdias e Deus de toda consolação (2Coríntios 1:3).
>
> Toda boa dádiva e todo dom perfeito vêm do alto, descendo do Pai das luzes, que não muda como sombras inconstantes (Tiago 1:17).

Não resta dúvida sobre a divindade do Pai. Da mesma forma, Jesus não quis deixar dúvidas sobre sua divindade. Sua afirmação mais clara sobre ele ser Deus está no texto citado anteriormente: "Eu lhes afirmo que antes de Abraão nascer, Eu Sou!" (João 8:58). Pode não ser uma afirmação tão clara para nós, mas foi claríssima para os judeus. Jesus se diz maior que Abraão e arroga para si o nome que Deus usou para se descrever ao se revelar a Moisés (Êxodo 3:14). Cristo toma para si o nome de Deus e se iguala a Yahweh, o Deus de Israel, o grande Eu Sou! Ele já tinha feito isso nos versículos 24 e 28, e agora repete com ênfase ainda maior. O texto é tão claro e chocante que os judeus acusaram Jesus de blasfêmia digna de morte. Eles entenderam que ele se dizia divino como o Deus de

---

[1] KÖSTENBERGER, Andreas. *Pai, Filho e Espírito: a Trindade no Evangelho de João*. São Paulo: Vida Nova, 2014, p. 80.

Israel. O teólogo Donald Carson nota que a expressão "Eu Sou" (gr. *egô eimi*), usada três vezes no capítulo 8 de João, tem como pano de fundo a mesma expressão em Isaías (41:4; 43:10,13,25; 46:4; 48;12).[2] Ou seja, Jesus está tomando para si a identidade divina do Deus do Antigo Testamento. Alguns outros textos do Novo Testamento também afirmam a divindade de Jesus:

> a partir deles [dos judeus] se traça a linhagem humana de Cristo, que é Deus acima de todos, bendito para sempre! Amém (Romanos 9:5).
>
> enquanto aguardamos a bendita esperança: a gloriosa manifestação de nosso grande Deus e Salvador, Jesus Cristo (Tito 2:13).

A DIVINDADE DO ESPÍRITO SANTO

Falemos agora sobre a divindade do Espírito Santo. Ela não está tão clara quanto a divindade de Pai e Filho, mas está lá. Está na Bíblia! Segundo o professor Robert Letham "o Novo Testamento tem um binitarismo explícito e um trinitarismo implícito".[3] Ele quer dizer que não existe uma passagem que afirme de forma direta a divindade do Espírito Santo, como há sobre a divindade de Pai e Filho. Mesmo assim, existem textos que claramente apontam para isso. Em primeiro lugar, veja como o Espírito Santo foi enviado pelo Pai e pelo Filho:

> E eu pedirei ao Pai, e ele lhes dará outro Conselheiro para estar com vocês para sempre, o Espírito da verdade. O mundo não pode recebê-lo, porque não o vê nem o conhece. Mas vocês o conhecem, pois ele vive com vocês e estará em vocês. Não os deixarei órfãos; voltarei para vocês (João 14:16

Jesus promete outro Consolador fazendo um paralelo consigo mesmo para demonstrar aos discípulos que eles não ficariam sem

---

[2] CARSON, D.A . *O comentário de João*. São Paulo: Shedd, 2007, p. 344.
[3] LETHAM, *The Holy Trinity*, p. 52.

Deus porque o Espírito habitaria neles. "Consolador" é a tradução para o grego *paraklêtos*, que significa literalmente "chamar de lado", e carrega um significado contextual de encorajar, exortar, consolar. Quando Jesus diz "outro Consolador", ele está assumindo sua função de *paraklêtos* divino e dizendo o Espírito virá substituí-lo nessa função. Essa não é uma afirmação direta da divindade do Espírito, mas mostra que, no coração de Jesus, há uma preocupação de que seus discípulos jamais andem sozinho, sem a presença real de Deus. É por isso que, a partir desse texto, podemos entender que o Espírito também é divino.

Outro texto que requer nossa atenção é o caso da morte de Ananias e Safira:

> Então perguntou Pedro: "Ananias, como você permitiu que Satanás enchesse o seu coração, ao ponto de você mentir ao Espírito Santo e guardar para si uma parte do dinheiro que recebeu pela propriedade? Ela não lhe pertencia? E, depois de vendida, o dinheiro não estava em seu poder? O que o levou a pensar em fazer tal coisa? Você não mentiu aos homens, mas sim a Deus" (Atos 5:3).

Esse trecho do livro de Atos descreve a morte de Ananias e Safira, fulminados por Deus ao mentirem para Pedro a respeito da doação financeira que fizeram aos apóstolos. É interessante observar que no versículo 3, Lucas relata que eles mentiram ao Espírito Santo. No versículo seguinte, lemos que estavam mentindo a Deus. O texto deixa claro: para Pedro, mentir para o Espírito é o mesmo que mentir para Deus porque o Espírito Santo é Deus. Ambos são tratados pela mesma identidade divina que possuem.

No Novo Testamento, Pai e Filho são chamados diretamente de Deus, *Theos* no grego, e aqui o Espírito é indiretamente também chamado de *Theos*. Esse é o texto mais direto em que o Espírito é tratado como Deus.

Podemos ir agora para o quarto tipo de texto, aquele que mostra as três pessoas divinas juntas, com o mesmo nível de divindade. Podemos chamar esses textos de fórmulas trinitárias.

> Portanto, vão e façam discípulos de todas as nações, batizando-os em nome do Pai e do Filho e do Espírito Santo (Mateus 28:19).
>
> Há diferentes tipos de dons, mas o Espírito é o mesmo. Há diferentes tipos de ministérios, mas o Senhor é o mesmo. Há diferentes formas de atuação, mas é o mesmo Deus quem efetua tudo em todos (1Coríntios 12:4-6).
>
> A graça do Senhor Jesus Cristo, o amor de Deus e a comunhão do Espírito Santo sejam com todos vocês (2Coríntios 13:14).
>
> escolhidos de acordo com o pré-conhecimento de Deus Pai, pela obra santificadora do Espírito, para a obediência a Jesus Cristo e a aspersão do seu sangue (1Pedro 1:2).

Em Mateus 28:19, a fórmula batismal nos mostra no nome de quem devemos batizar. Se Pai e Filho são Deus, é estranho que haja um terceiro alguém não divino nessa fórmula. Não batizaríamos em nome do Espírito se ele não fosse Deus. No texto de 1Coríntios 12:4-6, encontramos Paulo falando sobre como os dons espirituais são diversos, mas dados todos pelo Espírito, pelo Senhor e por Deus. A benção final de 2Coríntios também é outra fórmula trinitária, na qual os três aparecem juntos em posição de honra acima da igreja. E em 1Pedro, vemos Pai, Filho e Espírito agindo na salvação do pecador, algo que só Deus pode fazer.

Outra passagem que fala mais detalhadamente dessa obra trinitária de salvação é o grande texto de adoração de Efésios 1:3-14. Ali encontramos Paulo bendizendo ao Pai, ao Filho e ao Espírito Santo pela obra específica de cada um em nossa redenção. Mais uma vez, o Espírito está junto do Pai e do Filho como agente divino da salvação.

Sim, o Espírito Santo é Deus, da mesma substância que Pai e Filho. Seus atributos também revelam isso. Ele é eterno (Hebreus 9:14), onipresente (Salmos 139:7-10), onisciente (1Coríntios 2:10-11) e onipotente (Lucas 1:35-37). Podemos dizer como Agostinho que a Bíblia nos dá testemunhos abundantes sobre a divindade do Espírito, mesmo que de forma indireta. Portanto, Agostinho concluiu que o Espírito Santo é "igual em tudo ao Pai e ao Filho, consubstancial e coeterno na unidade da Trindade".[4]

Vale a pena dizer que esse igual em tudo se refere também à pessoalidade. Nós, cristãos, defendemos que o Espírito Santo é uma pessoa como o Pai e o Filho, não apenas uma força espiritual e impessoal como em *Star Wars*. O Espírito é um "eu" capaz de manter relações "eu-tu", e faz isso tanto na Trindade como conosco. Lembre-se que ele é nosso consolador e isso requer relação pessoal. Ele nos ensina (João 14:26; 1Coríntios 2:13); ele fala (Atos 8:29; 13:2); ele toma decisões (Atos 15:28); ele se entristece pelo pecado (Efésios 4:30); ele determina a distribuição dos dons segundo a sua vontade (1Coríntios 12:11); ele intercede por nós e tem uma mente (Romanos 8:26-27)! São várias as suas ações pessoais.

> **O Espírito Santo é uma pessoa como o Pai e o Filho, não apenas uma força espiritual e impessoal como em *Star Wars*.**

Diante de tudo isso podemos dizer que Pai, Filho e Espírito Santo são plenamente Deus, possuindo a mesma substância divina e sendo, portanto, um em substância e identidade. A Bíblia aponta para isso de diversas maneiras, e podemos entender que parte da resposta sobre como Deus é um é afirmar sua *unidade substancial*. Isso não resolve tudo, mas é o primeiro passo.

---

[4] AGOSTINHO. *A Trindade*, p. 31.

CAPÍTULO 7

Como Deus é um? Pericorese

Entender biblicamente que Pai, Filho e Espírito Santo são plenamente divinos e que, portanto, possuem a mesma substância divina, é, como vimos, parte do caminho para entender como Deus é um. Há uma outra parte para percorrermos agora.

Teólogos orientais, como os pais capadócios, ao focarem nas distinções pessoais de Pai, Filho e Espírito Santo, e no conceito de Deus como uma comunidade perfeita de pessoas distintas, tiveram de trabalhar teologicamente para evitar o erro do triteísmo, ou seja, de enxergar três deuses vivendo em comunhão. Para isso eles usaram muito bem o conceito de pericorese. Precisamos entender como a unidade pela substância é complementada pela unidade da pericorese. Faremos isso novamente no Evangelho de João, o apóstolo pericorético, se eu puder chamá-lo assim.

O termo "pericorese" significa habitação mútua. Ele foi "utilizado teologicamente pela primeira vez por Gregório de Nazianzo e subsequentemente adotado por Máximo, o Confessor"[1] para se referir à união das duas natureza de Cristo. Em Jesus habitavam simultânea e plenamente as naturezas humanas e divinas. Foi somente com Pseudo-Cirilo de Alexandria, no século 7, que o termo foi usado para falar sobre as relações das pessoas da Trindade. O uso de pericorese se popularizou a partir da obra de João Damasceno, *De Fide Orthodoxa* [Da fé ortodoxa] no século 8.[2]

---

[1] HARRISON, Verna E. F. "Perichoresis in the Greek Fathers." *St. Vladimir's Theological Quarterly*, v. 35, n. 1, 1991, p. 53..
[2] HARRISON. "Perichoresis in The Greek Fathers".

O uso trinitário de pericorese significa dizer que o Pai habita plenamente no Filho, o Filho no Pai, como também o Espírito habita plenamente no Pai e no Filho. Na pericorese, as pessoas da Trindade habitam plenamente uma nas outras sem perder suas identidades e individualidades. Esse conceito tem seu fundamento prinicpal em João 14:

Na pericorese, as pessoas da Trindade habitam plenamente uma nas outras sem perder suas identidades e individualidades.

Disse Filipe: "Senhor, mostra-nos o Pai, e isso nos basta".

> Jesus respondeu: "Você não me conhece, Filipe, mesmo depois de eu ter estado com vocês durante tanto tempo? Quem me vê, vê o Pai. Como você pode dizer: 'Mostra-nos o Pai'? Você não crê que eu estou no Pai e que o Pai está em mim? As palavras que eu lhes digo não são apenas minhas. Ao contrário, o Pai, que vive em mim, está realizando a sua obra. Creiam em mim quando digo que estou no Pai e que o Pai está em mim; ou pelo menos creiam por causa das mesmas obras" (João 14:8-11).

Filipe queria ver o Pai. Um desejo louvável! Jesus responde com uma pergunta: "Você ainda não me conhece nesse tempo todo que estou com vocês?". Mas, espere um pouco, Felipe pediu para ver o Pai, e não Jesus. Não está confuso? A resposta de Jesus explica tudo: quem vê a ele, vê o Pai. Isso ecoa o prólogo de João, quando diz que o Unigênito que está com o Pai é aquele que revela o Pai (1:18). Ver o Pai é um pedido bom, mas ignorante quando estamos diante de Jesus. O Pai está plenamente nele, e ele está plenamente no Pai. Somos chamados pelo próprio Filho a crer nisso: "Creiam em mim quando digo que estou no Pai e que o Pai está em mim" (João 14:11).

Jesus repete a mesma ideia em João 10:38: "creiam nas obras, para que possam saber e entender que o Pai está em mim, e eu no Pai". Dessa vez, ele falava aos judeus, que entenderam corretamente que ele estava se igualando a Deus e, por isso, tentaram prendê-lo.

Essa era uma afirmação de unidade com o Pai, feita no contexto da afirmação de Jesus que mais importa para nós agora: "Eu e o Pai somos um" (João 10:30). Essa é a afirmação mais direta sobre a unidade das pessoas da Trindade nas Escrituras, e os judeus quiseram apedrejar Jesus quando a ouviram, pois, na concepção deles, Jesus era apenas um homem, mas estava se fazendo de Deus (v. 33). Isso é teologia pura da unidade trinitária e o desenvolvimento dessa ideia de Jesus chega ao conceito de pericorese no versículo 38.

O teólogo Richard Bauckham trabalhou muito bem o significado teológico da palavra "um" no Judaísmo do Segundo Templo. Esse é o nome bonito para falar do contexto judaico entre a construção do templo depois do cativeiro babilônico (515 a.c.; veja o livro de Esdras) e sua destruição pelos romanos em 70 d.C. Segundo Bauckham, nesse período, a palavra "um" tinha um poder teológico muito grande, pois era entendida em ligação direta com o *shemá*. "Então, para o judaísmo tardio do Segundo Templo, 'Deus é um' significa que há apenas um Deus".[3] É por isso que dizer "Eu e o Pai somos um" foi tão profundo e revolucionário naquele tempo. Bauckham defende que os judeus conectaram essa fala de Jesus com o shemá imediatamente. E essa era a intenção. Jesus estava afirmando que ele e o Pai são o único Deus de Israel. Uau! Veja o que Bauckham diz sobre João 10:30:

> O Pai e o Filho são um em sua comunhão um com o outro. Jesus está afirmando que a divindade única do Deus de Israel consiste na comunhão entre Pai e Filho. Afirmar esse tipo de unidade, a unidade da comunidade pessoal de Deus, não tem precedentes no judaísmo primitivo. Não que os primeiros escritores judeus digam algo que necessariamente a exclua; simplesmente não lhes ocorreu pensar na unidade de Deus senão como singularidade.[4]

Onde os judeus viam singularidade, Jesus afirmava pluralidade. Mas uma pluralidade diferente, pericotérica, onde três são

---

[3] BAUCKHAM, Richard. *Gospel of Glory*. Grand Rapids: Baker Academic, 2015.
[4] BAUCKHAM. *Gospel of Glory*.

um pela unidade da habitação mútua. É aqui, nos atos e nas falas de Jesus, que os vestígios de pluralidade do Antigo Testamento se tornam revelação mais clara. Essa relação se estende ao Espírito Santo, pois ele é chamado nas Escrituras de Espírito do Pai (Mateus 10:20) e do Filho (Gálatas 4:6), fazendo o papel, como diria Agostinho, de elo perfeito e amoroso entre ambos. Veja como Paulo fala sobre a habitação de Deus em nós:

> Entretanto, vocês não estão sob o domínio da carne, mas do Espírito, se de fato o Espírito de Deus habita em vocês. E, se alguém não tem o Espírito de Cristo, não pertence a Cristo. Mas se Cristo está em vocês, o corpo está morto por causa do pecado, mas o espírito está vivo por causa da justiça. E, se o Espírito daquele que ressuscitou Jesus dentre os mortos habita em vocês, aquele que ressuscitou a Cristo dentre os mortos também dará vida a seus corpos mortais, por meio do seu Espírito, que habita em vocês (Romanos 8:9-11).

Primeiro, ele diz que o Espírito de Deus habita em nós. Depois, se refere ao Espírito de Cristo em nós. Então diz que é o próprio Cristo que está em nós. Por fim, afirma que é aquele que ressuscitou Jesus dos mortos, o Pai, que vivificará nossos corpos por meio do seu Espírito. Em outras palavras, se somos habitados pelo Espírito Santo, somos habitados pelo Pai e pelo Filho. Se o Espírito age em nós, esse é o agir também do Pai e do Filho. Na pericorese da Trindade, temos a plenitude de Deus em nós e por nós. Assim, entendemos que a relação íntima e pericorética entre Pai, Filho e Espírito Santo está na raiz da unidade do Deus trino. Diante de tudo isso podemos afirmar uma unidade pericorética. É por isso que Jesus pode orar ao Pai, pedindo por nós, "para que eles sejam um, assim como nós somos um: eu neles e tu em mim" (João 17:22-23).

Alguns chamaram a pericorese de "a dança da Trindade". Um dança perfeita e em perfeita harmonia e unidade. Soa poético e belo. E é isto que a Trindade é: poesia ao coração de todo cristão. Beleza aos nossos olhos. Nunca se esqueça, você foi convidado para esta dança.

ENTÃO, COMO DEUS É UM?

A Bíblia nos permite responder com segurança que Pai, Filho e Espírito Santo são um ao possuírem uma mesma identidade e substância divina e viverem em perfeita comunhão pericorética, na qual cada um habita plenamente e simultaneamente no outro.

O teólogo Jürgen Moltmann disse algo incrível sobre a unidade de Deus em pericorese: "a doutrina da pericorese liga de maneira genial a Trindade e a unidade, sem reduzir a Trindade à unidade, ou diluir a unidade na Trindade".[5] Por isso acho reducionista olhar para a unidade da Trindade somente por meio da substância divina. A pericorese é um fato crucial, e deve receber bastante atenção. Se você quiser um termo mais técnico, chamo isso de unidade substancial-pericorética. Na Trindade, temos três pessoas que possuem a mesma substância divina e habitam plenamente umas nas outras. Não tenha dúvidas de que Deus é um só, e que esse Deus é Trindade. Ouça, leitor, o Senhor, nosso Deus, é o único Senhor, Deus Trindade!

> **Na Trindade, temos três pessoas que possuem a mesma substância divina e habitam plenamente umas nas outras.**

---

[5] MOLTMANN, Jürgen. *Trindade e reino de Deus*. Petrópolis: Vozes, 2000, p. 182.

> *Trindade: tente explicá-la e perderá a cabeça; tente negá-la, e perderá a alma.*
>
> AUTOR DESCONHECIDO[1]

PARTE 3

A PLURALIDADE DA TRINDADE

---

[1] Fiz um thread no Twitter sobre a possível origem dessa famosa frase: https://twitter.com/pedromcp/status/1280127739568230401.

● CAPÍTULO 8

Como Deus é três? Uma questão misteriosa

Perguntar como Deus é três, a princípio, pode parecer meio óbvio. Se Pai, Filho e Espírito Santo são três pessoas divinas, então temos três pessoas que são exatamente isso, três pessoas. Pronto, capítulo encerrado. Será? Claro que não. Parece ser óbvio quando pensamos em termos humanos, mas nada é tão óbvio assim quando pensamos em termos trinitários. Olhar para as pessoas da Trindade e conseguir distingui-las uma das outras não é tão simples quanto parece. Essa é uma questão de muito debate teológico. Para explicar melhor, vamos fazer um exercício meio filosófico e meio imaginativo a partir do que vimos no capítulo anterior sobre a unidade da Trindade.

Imagine comigo: você acabou de entrar numa sala e lá estão três pessoas, Paulo, Fernando e Ester. É instantâneo, você as vê e sabe que ali estão três pessoas distintas. Como isso acontece? Como seu cérebro entende essa realidade? Há algumas explicações.

Em primeiro lugar, a criação de Deus numa realidade de espaço-tempo nos permite distinguir pessoas com extrema facilidade. Ao entrar na sala, você percebeu a presença de três pessoas porque viu três corpos humanos em três locais diferentes. Paulo estava no centro, Fernando do seu lado direito e Ester do seu lado esquerdo. Essa realidade corporal no espaço da sala comunica rapidamente ao seu cérebro que você está diante de três pessoas. Portanto, ao olhar para duas ou mais pessoas você sabe que uma está aqui e outra ali.

Sabe, então, que uma pessoa é distinta da outra porque seus corpos, no momento da sua observação, estão em lugares diferentes.

Mas isso não se aplica à Trindade. Deus está fora dos limites espaciais. Deus é espírito (João 4:24). Na eternidade, antes da Criação, não havia matéria criada e Deus já era Trindade. Pai, Filho e Espírito existiam em plena unidade fora do espaço-tempo. Mesmo com a encarnação do Filho e sua existência posterior em corpo, a questão ainda não fica resolvida, pois aprendemos que, pela pericorese, quando olhamos para o Filho encarnado olhamos também para o Pai e para o Espírito que habitam plenamente nele. Sendo assim, ao entrar numa sala em que Pai, Filho e Espírito Santo estão, não conseguiríamos distingui-los apenas pela observação de corpos que ocupam locais diferentes ao mesmo tempo.

Se por questões de corpos em locais diferentes no espaço não é possível identificar as três pessoas distintas da Trindade, que tal usar o tempo? Ao entrar na mesma sala e olhar para Paulo, Fernando e Ester, posso saber que são pessoas diferentes porque Paulo é uma criança, Fernando é um jovem adulto e Ester é uma idosa. Mesmo ignorando, se fosse possível, que são três corpos diferentes em locais diferentes, poderíamos distinguir essas três pessoas pelo fato de possuírem idades diferentes. Eles nasceram em momentos diferentes. Cada um possui sua própria certidão de nascimento. Se existiu um tempo em que Ester existia e Fernando e Paulo não existiam, e um tempo em que Ester e Fernando existiam e Paulo não existia, concluímos que Ester, Paulo e Fernando são pessoas distintas. Isso é óbvio, mas também não funciona com a Trindade. Pai, Filho e Espírito Santo são eternos, sempre existiram e sempre vão existir. Nunca houve nem haverá um tempo em que qualquer um deles existiu ou existirá sem o outro. Eles estão acima do tempo e o tempo não pode distingui-los. Portanto, não há distinção espacial e temporal na Trindade.

Também não há como levar a Trindade para uma delegacia e fazer uma análise da digital ou da íris de cada um. Só Jesus tem corpo e faltaria evidências sobre os outros. Mas e se, mesmo assim, fosse possível fazer um exame de DNA na Trindade? Viaje comigo bem forte agora! Imagine que em alguma máquina do tipo Caça-Fantasmas pudéssemos "segurar" o Pai e o Espírito, retirar um "pedaço" deles e analisar a composição deles. Sabe o que encontraríamos no resultado desse "teste de DNA"? Conclusão: *homoousion*. Eles têm a mesma substância! E se esse tipo de teste fosse comparado com a substância do Filho, lá estaria a mesma conclusão. Eles são iguais. Pai, Filho e Espírito Santo são plenamente iguais em espaço, tempo e substância. Como então podemos afirmar que existem três pessoas distintas na Trindade? Como podemos fugir da heresia modalista que afirmou que Deus é uma só pessoa que se manifesta de modos diferentes? Sim, precisamos afirmar as distinções trinitárias de forma convincente. A ortodoxia cristã precisa sustentar tanto a unidade como a pluralidade trina de Deus. Chegou a hora de analisarmos as distinções entre Pai, Filho e Espírito Santo. Vamos começar com importantes conceitos históricos.

AS RELAÇÕES TRINITÁRIAS

A patrística foi a era de ouro da produção teológica sobre Trindade. Esse é o período histórico que vai do final do primeiro século ao final do oitavo[2] e ficou marcado pelos escritos, apologias, ideias, debates e concílios dos pais da igreja como Irineu, Tertuliano, Agostinho e outros. No quarto século, no ano de 325, o Concílio de Niceia reuniu centenas de bispos cristãos para debaterem o arianismo. Robert Letham resumiu o ensino de Ário em cinco pontos:[3]

1. Deus é solitário, sendo o Pai somente;
2. O Filho teve uma origem *ex nihilo* (a partir do nada), houve um tempo em que ele não existia e foi criado pela vontade de Deus;
3. Deus fez uma pessoa quando desejou criar. Ele criou por um intermediário;

---

[2] Existe debate sobre quando o período da patrística acabou. A discussão gira em torno da forma de pensamento, organização de conhecimento e assuntos debatidos. A posição que relatei é a do Dicionário da Igreja Cristã de Oxford. J. N. D. Kelly, por exemplo, defende o final desse período no sexto século. *Patrística*. São Paulo: Vida Nova, 1994

[3] LETHAM. *The Holy Trinity*, p. 111.

4. A Palavra, ou seja, o Filho, tem uma natureza mutável, mantendo-se bom pelo seu livre arbítrio;
5. A substância do Pai, do Filho e do Espírito são diferentes umas das outras.

Felizmente essa doutrina foi negada e considerada anátema, maldita. O credo escrito em Niceia é tão fundamental para a ortodoxia trinitária cristã que repetirei a citação de sua primeira parte com a adição feita no concílio de Constantinopla em 381.[4] Mesmo depois de Niceia, o arianismo continuou em debate e a questão sobre a divindade do Espírito Santo também ganhou foco. Por isso foi necessário um novo concílio em Constantinopla que aprovou e repetiu Niceia, acrescentando mais texto sobre o Espírito. Esse credo ficou conhecido como o credo niceno-constatinopolitano:

> Cremos em um só Deus, Pai onipotente, criador do céu e da terra, de todas as coisas visíveis e invisíveis. Cremos em um só Senhor, Jesus Cristo, Filho Unigênito de Deus, gerado do Pai desde toda a eternidade, Deus de Deus, Luz da Luz, Deus verdadeiro de Deus verdadeiro, gerado, não criado, consubstancial ao Pai; por Ele todas as coisas foram feiras. Por nós e para nossa salvação, desceu dos céus; encarnou por obra do Espírito Santo, no seio da Virgem Maria, e fez-se verdadeiro homem. Por nós foi crucificado sob Pôncio Pilatos; sofreu a morte e foi sepultado. Ressuscitou ao terceiro dia, conforme as Escrituras; subiu aos céus, e está sentado à direita do Pai. De novo há de vir em glória, para julgar os vivos e os mortos; e o seu reino não terá fim. Cremos no Espírito Santo, Senhor, doador da vida, procedente do Pai [e do Filho]. O qual com o Pai e o Filho juntamente é adorado e glorificado.[5]

Vou chamar sua atenção para os termos "gerado" e "procedente". O primeiro é dito sobre o Filho e o segundo sobre o Espírito

---
[4] Há uma boa explicação do contexto histórico que envolveu essa adição e a relação entre os concílios de Niceia, Constantinopla e Calcedônia em BRAY, Gerald. *A história da teologia cristã*. São Paulo: Shedd, 2017, p. 702.
[5] O trecho adicional foi retirado de BRAY, *A história da teologia cristã*, p. 701.

Santo. Essas são as duas relações eternas de origem. O Filho foi eternamente gerado pelo Pai e o Espírito Santo procede eternamente do Pai e do Filho.

Perceba que na citação acima do credo eu coloquei "e do Filho" entre colchetes. O credo original não possui essa parte, que ficou conhecida como "cláusula filioque", pois *filioque* significa "e do filho" em latim. A tradição nos conta que a afirmação filioque foi adicionada no Concílio de Toledo em 589, representando o pensamento da igreja latina, ocidental. O debate sobre o Espírito proceder do Pai ou do Pai e do Filho foi, inclusive, o grande motivo para o rompimento entre as igrejas ocidental e oriental que perdura até hoje.[6] A história é complexa, e o que nos interessa é que a teologia do quarto século entendeu as relações trinitárias como geração e procedência eternas, usando essas relações para distinguir Pai, Filho e Espírito Santo. Esse foi um avanço para trabalhar as distinções não mais na Trindade econômica apenas, mas para enxergá-las biblicamente também na Trindade imanente.

Quem resumiu e desenvolveu melhor a teologia trinitária do quarto século foi Agostinho de Hipona (354-430). Por isso estamos recorrendo a ele constantemente neste livro. Sua obra *A Trindade*, publicada no início do quarto século, foi escrita num momento pós-Niceia e Constantinopla e sob influência de todo o debate trinitário do quarto século. Agostinho trabalhou muito bem as relações de origem e argumentou biblicamente sobre elas. No início do seu livro, ele estabelece seu ponto sobre as distinções trinitárias:

> Não são, portanto, três deuses, mas um só Deus, embora o Pai tenha gerado o Filho, e assim, o Filho não é o que é o Pai. O Filho foi gerado pelo Pai, e assim, o Pai não é o que o Filho é. E o Espírito Santo não é o Pai nem o Filho, mas somente o Espírito do Pai e do Filho, igual ao Pai e ao Filho e pertencente à unidade da Trindade.[7]

---

[6] Você pode ler sobre o debate da cláusula filioque em BRAY, *A história da teologia cristã*, ou LETHAM, *The Holy Trinity*.
[7] AGOSTINHO, *A Trindade*, p. 31.

Perceba o que Agostinho está fazendo. Para ele as distinções trinitárias estão nas relações que Pai, Filho e Espírito têm um com o outro. Cada um é o que é em relação ao outro. Cada um tem sua individualidade dependente do outro. O Pai só é o Pai porque gerou eternamente o Filho. O Filho só é o Filho porque foi gerado eternamente pelo Pai. E o Espírito só é o Espírito porque é o Espírito do Pai e do Filho. Foi assim que Agostinho manteve a unidade de substância enquanto sustentou distinções verdadeiras e eternas. A citação abaixo esclarece ainda mais sua ideia.

> Entretanto, porque o Pai só é chamado Pai por ter um Filho; e o Filho só é assim chamado por ter um Pai, essas relações não emanam da substância, pois cada uma das pessoas não é mencionada em relação a si mesma, mas sim em relação à outra e entre si reciprocamente [...] Portanto, ainda que seja diferente ser Pai e ser Filho, não significa que haja diferença de substância, pois isso não é dito conforme a substância, mas sim segundo uma relação.[8]

Essa é a sacada importante desse capítulo! As relações e distinções não emanam da substância, pois Pai, Filho e Espírito Santo se distinguem um do outro não por algo em si mesmos, mas a partir das relações de um com os outros. Agostinho está dizendo que a única coisa que difere o Pai do Filho e faz com que eles sejam realmente duas pessoas distintas é a relação eterna entre eles. Assim também é com o Espírito Santo. Agostinho encontra nas missões do Filho e do Espírito a revelação de que o Filho é gerado do Pai e o Espírito procede do Pai e do Filho.[9] Ele está olhando para a Trindade econômica para

> **Pai, Filho e Espírito Santo se distinguem um do outro não por algo em si mesmos, mas a partir das relações de um com os outros.**

---
[8] AGOSTINHO, *A Trindade*, p. 196
[9] AGOSTINHO, *A Trindade*, p. 184

entender a Trindade imanente. E é assim que Agostinho pode dizer que "o Pai, o Filho e o Espírito são três".[10] Não três Pais, não três Filhos, não três Espíritos, não três deuses, não três essências. Três pessoas. Portanto, Agostinho trabalhou os termos nicenos "gerado" e "procedente" e afirmou a pluralidade da Trindade com base nessas relações eternas de origem. Matthew Barrett, usando Tomás de Aquino, tem um ótimo resumo sobre isso:

> Por origem" queremos dizer aquilo que é "a fonte do outro" e aquilo que "vem do outro", diz Tomás de Aquino. Por "relação" queremos dizer "propriedades pessoais", pessoais porque essas propriedades são o que "separa ou constitui as hipóstases ou pessoas" na Trindade. As "relações eternas de origem", portanto, identificam de quem cada pessoa procede e o que há em cada pessoa que a distingue das demais (*Suma* 1a.32.3). Só as relações eternas de origem podem nos dizer por que Deus é Trindade.[11]

Essa é a ortodoxia histórica sobre as distinções trinitárias. A pluralidade da Trindade se encontra em suas relações de origem. Os bispos de Niceia, Agostinho, Tomás de Aquino, os principais reformadores e vários outros grandes teólogos da história defendem essa posição da tradição cristã e sobre a Trindade. A pergunta mais importante para se fazer agora é: isso é bíblico?

---

[10] AGOSTINHO, *A Trindade*, p. 247
[11] BARRETT, Matthew. *Simply Trinity: the unmanipulated Father, Son, and Spirit*. Grand Rapids: Baker Books, 2021, p. 159.

● CAPÍTULO 9

Pluralidade trinitária nas Escrituras: a geração eterna do Filho

Assim como Trindade, essência, pessoa e pericorese, você não encontrará os termos "geração eterna" e "procedência eterna" nas Escrituras. Mas, como você já aprendeu, eu espero, isso não significa que esses conceitos não sejam bíblicos no sentido de resumir e explicar verdades sobre o modo como Deus se revelou em sua palavra. Nas atuações da Trindade econômica, principalmente nas missões do Filho e do Espírito, encontramos essas distinções nas relações econômicas que mostram como são as relações imanentes. É exatamente nesse sentido que quero defender aqui que, sim, geração e procedência eternas são conceitos bíblicos que distinguem Pai, Filho e Espírito Santo e nos permitem entender como eles são verdadeiramente três.

Poderíamos passar muito tempo no desenvolvimento histórico desses termos, porém, para ficar no propósito desse livro, oferecerei um olhar bíblico, focando nos quatro momentos das Escrituras que mais têm sido usados para afirmar a geração eterna do Filho. Chamo de "momentos" porque não são necessariamente textos e versículos isolados. Olharemos para os momentos em que Deus e seu Verbo são chamados de Pai e Filho; para os momentos em que a afirmação "eu

> **Deus não se revelou como Trindade por acaso; há uma intenção didática nisso**

hoje te gerei" aparece; para os momentos em que o termo "unigênito" (gr. *monogenes*) é usado; e para o momento da concessão da vida em si mesmo (João 5:26). Preparado?

PRIMEIRO MOMENTO: PAI E FILHO

Olhe comigo para a relação Pai e Filho apresentada no prólogo do Evangelho de João. É importante começar por esse elemento mais básico, as identidades trinitárias de Deus. Tenha certeza de que Deus não se revelou como Pai e Filho por acaso ou simples gosto pessoal. Sempre há uma intenção didática em como Deus se revela a nós.

Em João 1:1 lemos sobre duas figuras divinas, Deus e o Verbo. Eles estavam juntos desde o princípio (v. 2). Alguns versículos depois, esse Verbo é chamado de "unigênito do Pai" (v. 14). A seguir, esse unigênito é revelado como o Deus que está junto ao Pai (v. 18). O movimento teológico de João é perceptível. Ele começa com Deus e o Verbo, e depois identifica essas duas pessoas divinas como o Pai e seu unigênito, o Filho. Logo após o prólogo, João diz que esse Filho é Jesus, o Cristo.

A introdução do Quarto Evangelho apresenta e fundamenta um dos principais temas de João: a divindade e eternidade de Jesus.[1] João não está dizendo que o Verbo só se tornou Filho quando se encarnou e nasceu. O versículo 18 ("está junto do Pai") conecta o unigênito ao Verbo do versículo 1 ("estava com Deus"). Jesus sempre foi o Filho, sempre foi o Verbo. Cristo chega a mencionar o Pai falando da relação que eles tinham antes que houvesse mundo (João 17:5). Aquele homem que foi batizado por João é o Filho de Deus Pai, é o Verbo eterno de Deus. Mais à frente fortaleceremos essa ideia com o texto de João 5:26.

---

[1] O termo cristológico "Filho de Deus" é muito rico e possui facetas diferentes nas Escrituras. Um bom estudo introdutório sobre o uso do termo e seus significados está no livro CARSON, D. A. *Jesus, o Filho de Deus*. São Paulo: Vida Nova, 2015.

Por que as identidades de Pai e de Filho então? O prólogo de João inicia a resposta ao dizer que o Filho está junto do Pai e, por isso, pode revelar a Deus diante dos homens (v. 18). O relacionamento divino Pai-Filho implica numa relação íntima e especial, na qual o Filho revela o ser do Pai. Isso se parece bastante com o que acontece em nossas relações humanas entre pai e filho. O restante do quarto Evangelho trabalha e aprofunda essa relação a partir da missão terrena do Filho, mas o que importa para nós é que as identidades Pai e Filho revelam para nós uma relação especial de intimidade. E mais do que isso, a escolha de Pai e Filho deixa implícito algum elemento de paternidade e filiação. Não é irmão e irmão. Não é Pai e Mãe ou homem e mulher.

Aqui cabe uma observação importante sobre não projetar a nossa experiência da relação humana pai-filho em Deus. Sempre quando Deus fala de si mesmo a partir de padrões humanos, precisamos fazer uma adaptação considerando o que sabemos sobre o ser de Deus.

Sempre quando Deus fala de si mesmo a partir de padrões humanos, precisamos fazer uma adaptação considerando o que sabemos sobre o ser de Deus

Essas ideias podem vir à mente quando pensamos na geração humana de um filho, mas nada disso acontece na Trindade. A relação pai-filho precisa ser redefinida para ser aplicada a Deus. A geração do Filho em Deus não é sexual, temporal e nem traz à existência alguém que antes não existia. Assim, creio que Deus se revelar como Pai e Filho implica em algum tipo de relação íntima que inclui intencionalmente a peculiaridade da relação entre pai e filho: a geração. Trata-se, porém, de um tipo de geração eterna diferente da geração humana. O que posso concluir desse primeiro momento é que as identidades Pai e Filho indicam a possibilidade de o conceito de geração eterna ser uma realidade bíblica sobre o ser trinitário de Deus. Nos resta analisar se os outros momentos conseguem assegurar que essa é uma realidade bíblica de fato.

SEGUNDO MOMENTO: "EU HOJE TE GEREI"

O segundo momento bíblico usado para sustentar a doutrina da geração eterna do Filho é o da afirmação "Tu és meu filho; eu hoje te gerei". Essa frase aparece originalmente no salmo 2, e é repetida no Novo Testamento em Atos 13:33, Hebreus 1:5 e Hebreus 5:5.:

> Proclamarei o decreto do Senhor:
>
> Ele me disse: "Tu és meu filho;
>
> eu hoje te gerei" (Salmos 2:7).

Alguns pais da igreja, incluindo Agostinho, usaram Salmos 2:7 e esses outros textos que o citam para afirmar a geração eterna do Filho. Será isso mesmo?

A afirmação no salmo 2 acontece no contexto da coroação de um rei. Alguns chamam esse salmo de salmo régio por falar sobre o reinado do ungido de Deus. É uma poesia que lembra a escolha que Deus fez de Davi e sua descendência para reinar em Israel. Carson resume o contexto histórico, dizendo que "sempre que um novo descendente da linhagem de Davi assumia o trono, naquele momento ele se tornava 'filho' de Deus, ou seja, Deus o 'gerava' colocando-o nessa função".[2]

A linguagem de pai e filho é baseada na promessa que Davi recebeu em 2Samuel 7 sobre o seu sucessor no trono: "Será ele quem construirá um templo em honra ao meu nome, e eu firmarei o trono dele para sempre. Eu serei seu pai, e ele será meu filho" (v. 13-14). Nesse sentido, o termo "filho" é usado para designar o rei ungido que governará como Deus, em grande autoridade, sendo seu representante, vice-regente, e agindo com justiça, como se o próprio Deus estivesse governando.

Precisamos ter esse contexto em mente quando lemos Atos 13:33 e Hebreus 1:5. Lembre que Jesus é o rei da linhagem de Davi que foi prometido como ungido, *messias* em hebraico. Ele é o rei para quem o salmo 2 apontava indiretamente. É por isso que no

---

[2] CARSON, *Jesus, o Filho de Deus*.

texto de Atos 13, Paulo, pregando sobre o Cristo (que é o termo grego para "ungido"), cita o salmo 2 falando da ressurreição de Jesus. A promessa de um rei eterno foi feita aos antepassados (Atos 13:32) e a geração (coroação) desse rei prometido está se cumprindo na ressurreição de Jesus (v. 33). Paulo conclui dizendo que o fato de Jesus ressuscitar para nunca mais morrer é o cumprimento das promessas feitas a Davi (v. 34). Jesus foi visivelmente e publicamente coroado rei sobre todos os povos e sobre toda a criação em sua ressurreição. Ali seu reino foi inaugurado entre nós e começou a expandir. Ali ele foi gerado como rei, como esse filho de Deus no sentido de ser o Messias ungido, o Cristo de Deus. Estamos num contexto de coroação e ressurreição.

A questão que temos agora diante de nós é qual significado o autor de Hebreus usou no capítulo 1 de sua carta (peço que você leia esse trecho em sua Bíblia). Em 1:5, o autor cita Salmos 2:7 juntamente com 2Samuel 7:14. Esse é um forte indício de que provavelmente a ideia da coroação da ressurreição está presente nesse contexto. Por outro lado, o autor de Hebreus está claramente argumentando que Jesus é maior do que os anjos (1:4). Para fazer isso, ele chega a dizer que Deus ordenou que os anjos o adorassem (1:6). E mais, chamou-o claramente de Filho de Deus (1:7) e disse que ele era expressão exata do seu ser (1:3). Temos então um contexto que usa o termo "filho" para tratar de Jesus como divino, igual ao Pai e superior aos anjos.

Não é à toa que muitos teólogos entenderam que Hebreus 1:5 fez uso de Salmos 2:7 e de 2Samuel 7:14 para falar da relação eterna e divina entre Pai e Filho. Porém, não acho que esse seja o caso. Creio que o texto fala da coroação do rei Jesus. É difícil concluir que o autor de Hebreus esteja usando Salmos 2:7 fora do seu contexto imediato de coração de um rei, principalmente porque o cita ao lado de 2Samuel 7:14. Ainda levo em consideração a citação de Salmos 45:7, que fala de um rei, em Hebreus 1:8-9, e a citação de Salmos 110:1, que também fala do reinado da casa de Davi, em Hebreus 1:13. Assim, me parece improvável que o autor de Hebreus esteja usando Salmos 2:7 junto com esses outros textos régios para falar de algo fora do contexto da coroação e do início do reino por meio da exaltação de Jesus.

Além disso, ainda há um elemento que não levamos em consideração: o termo "hoje". Que "hoje" é esse a que se refere o momento da geração do filho? Será que se refere à eternidade passada? Concordo com o comentarista bíblico F. F. Bruce quando ele diz que esse hoje refere-se ao momento da exaltação e entronização de Cristo após ele ter demonstrado a integridade da sua obediência por meio de seus sofrimentos.[3] O autor de Hebreus está exaltando Jesus acima dos anjos, dizendo também que ele é o rei davídico, o messias prometido, aquele que inaugurou o reino de Deus entre nós, coisa que nenhum anjo poderia fazer. Por isso, creio que esse texto não esteja falando de geração eterna, mas da geração de Jesus como rei. Da mesma forma, em Hebreus 5:5 o autor só deseja informar que foi o Deus que exaltou Jesus como rei diante de nós que também o fez nosso sumo sacerdote. O debate exegético existe, mas minha posição tem sido essa. De qualquer forma, embora esses textos possam não falar de geração eterna, como defendi, isso não significa que o conceito não seja bíblico. É o que veremos nos próximos momentos.

TERCEIRO MOMENTO: *MONOGENES*

O terceiro momento bíblico usado como base para a doutrina da geração eterna é quando temos a ocorrência da palavra grega *monogenes*, traduzida por "unigênito". Ela aparece algumas vezes na Bíblia em contextos diferentes. Referindo-se a Jesus, o Filho, o termo aparece cinco vezes no Novo Testamento: quatro no Evangelho de João (1:14,18; 3:16,18) e uma na primeira carta de João (4:9).

O debate sobre o uso de *monogenes* nessas passagens é imenso, histórico, profundamente exegético e complexo. Teólogos mais antigos, principalmente a partir dos séculos 3 e 4, entendiam *monogenes* como "único gerado" e associavam esse significado ao

---

[3] BRUCE, F. F. *The Epistle to the Hebrews*. New International Commentary on the New Testament. Grand Rapids: Eerdmans, 1990.

relacionamento eterno entre o Pai e o Filho. Essa concepção não é unânime, pois há um debate etimológico sobre ela. Quais são as palavras gregas que formam o termo monogenes? Existem duas opções principais:[4]

- *monos* (único) + *gennao* (gerar)
- *monos* (único) + *genos* (tipo, espécie)

A primeira opção é a tradução que remete aos teólogos dos primeiros séculos e à tradução de Jerônimo. A segunda opção é mais contemporânea e entende que o termo monogenes não se refere ao "único gerado", mas ao "único do seu tipo" ou simplesmente "único filho". Köstenberger, em seu livro *Pai, Filho e Espírito* traduz *monogenes* como "filho sem igual" e explica que o termo não significa "unigênito", mas se refere à singularidade de Jesus em sua relação com o Pai.[5] Ou seja, por essa tradução e interpretação, monogenes não se refere à geração eterna, mas ao fato de Jesus ser filho de Deus o Pai como mais ninguém é. Somos filhos de Deus, mas Jesus é o filho único, aquele que é homem e Deus, eterno com ele, o monogenes do Pai.

Parece que o jogo já está ganho para essa segunda opção não é mesmo? Parecia isso mesmo até Charles Lee Irons fazer uma pesquisa exegética sobre o termo *monogenes* e seu uso em relação ao conceito de geração eterna. O trabalho de Irons argumentou etimologicamente, historicamente e exegeticamente que *monogenes* pode significar tanto "filho único" como "unigênito", e que essa última opção acontece nos textos de João.[6] Ele ainda destacou a importância da tradução da palavra no contexto do texto, o que é um ponto relevante.

---

[4] Você pode ler mais sobre esse debate etimológico e exegético no artigo de Marcelo Berti, "O uso de monogenes em referência a Cristo", disponível em: https://marceloberti.wordpress.com/2008/04/28/o-uso-de-monogenes-em-referencia-a-cristo/; ou no artigo de Charles Lee Irons, "A Lexical Defense of the Johannine 'Only Begotten'", disponível em: https://www.thegospelcoalition.org/article/lets-go-back-to-only-begotten/.
[5] KÖSTENBERGER, *Pai, Filho e Espírito*, p. 99-103.
[6] Um pequeno resumo dos argumentos de Irons foi publicado no site *The Gospel Coalition*, em "Let's Go Back to 'Only Begotten'"; e de maneira mais aprofundada no artigo "A Lexical Defense of the Johannine 'Only Begotten'". In: SANDERS, Fred; SWAIN, Scott R. (eds.). *Retrieving Eternal Generation*. Grand Rapids: Zondervan, 2017.

Ainda me coloco ao lado da tradução de *monogenes* como "filho único" ou "filho sem igual". Estou mais inclinado a dizer que esse momento não é uma base bíblica para a geração eterna. Mas aqui é preciso exercer a humildade teológica. Mesmo tendo lido muito sobre isso, ainda não li e estudei o suficiente para dar uma posição fechada. O trabalho de Irons foi muito bem recebido e o que li dele é realmente bom. Essa é uma questão, querido leitor, que devo deixar em aberto para ser responsável com você. O termo *monogenes* tem uma profundidade enorme para ser explorada com muito trabalho exegético.

Dito isso, podemos nos dirigir agora para o momento bíblico mais crucial sobre a geração eterna. Resumindo, vimos que os nomes Pai e Filho formam uma boa base para a doutrina, que a frase "Eu hoje te gerei" não se refere à geração eterna, e que *monogenes* não me parece ser uma base, mas que pode ser. O quarto momento, a meu ver, é a base mais firme que podemos ter para afirmar que o Filho é eternamente gerado pelo Pai.

> **A Trindade é tão grandiosa que explorar suas belezas requer um grande esforço intelectual.**

Tenha um pouco mais de paciência com esse capítulo. A Trindade é tão grandiosa que explorar suas belezas requer um grande esforço intelectual.

QUARTO MOMENTO: JOÃO 5:26

O quarto momento bíblico sobre o conceito de geração eterna diz "Pois, da mesma forma como o Pai tem vida em si mesmo, ele concedeu ao Filho ter vida em si mesmo". Aqui está a principal base bíblica para a geração eterna. E entender o contexto dessa fala do próprio Jesus nos ajudará a entender por que esse versículo é tão crucial para esse tema.

No episódio registrado em João 5:16-26, encontramos Jesus simultaneamente igualando-se e distinguindo-se do Pai diante da elite religiosa judaica. Nessa explicação de Jesus, ele é aquele que está sempre recebendo algo do Pai enquanto é igual ao Pai em divindade. Se você ainda tem o DeLorean voador, é hora de entrar nele e voltar novamente para os tempos de Jesus. Estacione-o escondido em algum lugar e se aproxime dessa roda de conversa entre Jesus e a liderança religiosa judaica.

Você logo perceberá que a discussão é sobre o quarto mandamento, a quebra do sábado. Jesus havia curado um homem no sábado, ordenou que ele pegasse o seu leito e andasse (João 5:6-10). Comentaristas debatem se essa cura foi um ato proposital de Jesus para iniciar o debate sobre o sábado e dar espaço para suas declarações cristológicas ou não. O fato, é que a cura do paralítico e, principalmente, a ordem de pegar o leito e andar despertaram uma nova discussão sobre o sábado entre Jesus e os judeus.

O sábado era tão sagrado para os judeus que eles temiam quebrá-lo inconscientemente. Por isso, estipularam minuciosas proibições, entre elas a de pegar objetos ou carregá-los de um local para o outro. Portanto, o que Jesus ordenou, com toda sabedoria, ia contra a tradição judaica, mas não necessariamente contra a lei de Moisés. Mesmo assim, ele foi perseguido v. 9-16). O que Jesus dizia e fazia era uma blasfêmia enorme para aqueles líderes judeus.

A partir desse episódio, Jesus passou a falar sobre temas muito profundos. Lembre-se de que Jesus sempre usa o tema do sábado com algum propósito. Aqui, ele está justamente onde deseja estar, falando justamente do que deseja falar, e usará essa controvérsia para fazer afirmações sobre sua identidade. Veremos mais uma vez João fazendo uma conexão com o seu prólogo, mostrando como o Verbo "era Deus" e "estava com Deus".

> Disse-lhes Jesus: "Meu Pai continua trabalhando até hoje, e eu também estou trabalhando". Por essa razão, os judeus mais ainda queriam matá-lo, pois não somente estava violando o sábado, mas também estava dizendo que Deus era seu próprio Pai, igualando-se a Deus (João 5:17-18).

É nesse ponto que a controvérsia do sábado se torna uma questão de relação trinitária entre Pai e Filho, em termos de igualdade e distinção. Em primeiro lugar, Jesus responde às acusações fazendo-se igual a Deus. Foi isso que os judeus corretamente entenderam quando Jesus defendeu seu trabalho no sábado, afirmando que seu direito de trabalhar nesse dia é o mesmo direito que o Pai tem de trabalhar. Estava presente na mentalidade judaica do primeiro século que Yahweh era o único que poderia trabalhar no sábado sem quebrar o mandamento. Se somente Yahweh pode trabalhar no sábado, atrelar sua prerrogativa de trabalhar no sábado ao trabalho de Yahweh é se igualar a Yahweh. Jesus está dizendo que ele tem a identidade divina de Yahweh. Ele e o Pai são Deus no mesmo nível, com a mesma essência. Jesus se faz igual ao Pai! Ele, porém, não rompe com o monoteísmo. Não se trata de dois deuses; são, em vez disso, duas pessoas divinas e um Deus (ele ainda não havia apresentado o Espírito, então fala apenas dele e do Pai). Então, Jesus passa a explicar como Pai e Filho são distintos um do outro. Note no texto abaixo que há um padrão segundo o qual o Filho sempre recebe algo do Pai.

> Eu lhes digo verdadeiramente que o Filho não pode fazer nada de si mesmo; só pode fazer o que vê o Pai fazer, porque o que o Pai faz o Filho também faz. Pois o Pai ama ao Filho e lhe mostra tudo o que faz. Sim, para admiração de vocês, ele lhe mostrará obras ainda maiores do que estas. Pois, da mesma forma que o Pai ressuscita os mortos e lhes dá vida, o Filho também dá vida a quem ele quer. Além disso, o Pai a ninguém julga, mas confiou todo julgamento ao Filho (João 5:19-22)

Jesus é enfático ao dizer que o Filho recebe do Pai aquilo que deve fazer. Isso decorre de um ato de amor do Pai para com o Filho. O Filho também parece receber o dom da ressurreição. Por fim, o Filho recebe do Pai a função de juiz. Há um padrão dizendo o seguinte: o Pai ama o Filho e, por isso, lhe concede uma missão para desempenhar na economia da salvação.

Nesse momento da missão do Filho na economia da salvação percebemos o Filho submisso ao Pai. E na submissão foi que Jesus encontrou base para se distinguir do Pai. Carson destacou que

Jesus falou dessa distinção baseada no amor do Pai, que envia seu Filho em missão, para ensinar que ele "não é igual a Deus como outro Deus ou como um Deus rival".[7] Ele é o Filho divino que está em harmonia com tudo o que recebe do Pai.

É agora que o versículo 26 entra na conversa. Preste muito atenção. O que Jesus fez foi conectar a distinção, baseada na missão dada pelo Pai na economia da salvação, com a vida intratrinitátria na eternidade.

> Pois, da mesma forma como o Pai tem vida em si mesmo, ele concedeu ao Filho ter vida em si mesmo (João 5:26).

Jesus conectou a Trindade econômica com a Trindade imanente. Uau! Se o Filho é eterno, conceder a ele a vida em si mesmo não pode ser algo que aconteceu no tempo. O Antigo Testamento mostra Deus dando vida a outros (Gênesis 2:7; Jó 10:12; 33:4; Salmos 36:9), mas em João 5:26 temos uma definição superior de vida, que aparece somente nesse texto e diz respeito à vida divina. Ter vida em si mesmo é exatamente o que possibilita Deus dar vida às suas criaturas. Significa que Deus não é criado, mas autoexistente, de eternidade a eternidade (Salmos 90:2). Craig Keener lembra que os judeus chamavam a Deus de o "autogerado", o "não criado" e o "não gerado".[8] João também apresenta Jesus como um ser eterno (João 1:1-2), e diz que "nele estava a vida" (v. 4). Jesus também é Deus autoexistente ou não criado. Isso lhe foi concedido pelo Pai na eternidade. É isso, caro leitor, que chamamos de geração eterna! Assim, João 5:26 é o texto-base para afirmar esse conceito, como Agostinho fez.

> Aquele que puder entender o que o Filho disse: Assim como o Pai tem a vida em si mesmo, também concedeu ao Filho ter a vida em si mesmo (Jo 5:26), não entenda que o Pai deu a vida ao Filho como a alguém já existente. Entenda, porém, que o gerou

---

[7] CARSON, O comentário de João, p. 251.
[8] KEENER, Craig. The Gospel of John: a commentary. Grand Rapids: Baker Academic, 2012, p. 653-4.

fora do tempo, de tal modo que a vida que o Pai deu ao Filho ao gerá-lo, é coeterna à vida do Pai que a deu.[9]

Tenho, portanto, entendido a geração eterna como essa relação eterna e misteriosa que iguala e distingue o Pai e o Filho por meio da concessão eterna da vida em si mesmo. Eles são iguais porque possuem a mesma vida em si mesmo, a mesma essência. E são distintos porque foi o Pai quem concedeu essa vida ao Filho. A doutrina da geração eterna não estabelece um ponto no tempo em que a relação começou, mas estabelece a forma pela qual a relação sempre existiu. Portanto, as identidades Pai e Filho e a revelação que elas trazem formaram a base para nos aproximar e entender melhor o texto crucial sobre geração eterna, João 5:26. Sim, esse é um conceito bíblico. Um conceito bíblico fundamental.

---

[9] AGOSTINHO, *A Trindade*, p. 549.

● CAPÍTULO 10
Pluralidade trinitária nas Escrituras: a procedência eterna do Espírito

A última citação de Agostinho que usei foi escrita por ele no contexto da explicação sobre a procedência eterna do Espírito Santo. Lá ele disse que, assim como entendemos a geração do Filho pelo Pai "prescindindo do tempo", devemos entender a "processão do Espírito Santo de ambos".[1] Chegou a hora de falarmos, então, em como o Espírito é distinto do Pai e do Filho. Só assim poderemos dizer que na Trindade existem verdadeiramente três pessoas.

Novamente, é na relação que encontramos a distinção. E como o Espírito Santo se relaciona com o Pai e com o Filho? A resposta de Niceia, Agostinho e da ortodoxia histórica cristã é que essa é uma relação de procedência eterna. O Espírito Santo procede do Pai e do Filho. O termo "procede" ou "procedente" que é utilizado em Niceia, foi retirado diretamente do texto de João 15:26: "Quando vier o Conselheiro, que eu enviarei a vocês da parte do Pai, o Espírito da verdade que *provém* do Pai, ele testemunhará a meu respeito".

Desde o capítulo 14 de seu Evangelho, João está falando da missão do Espírito Santo. Isso se estende pelos capítulos 15 e 16. No texto citado acima, há a ideia central da procedência do Espírito: ele procede do Pai e foi enviado pelo Filho. É isso que encontramos

---

[1] AGOSTINHO, *A Trindade*, p. 549.

quando olhamos para a economia da salvação. João já havia falado sobre esse duplo envio quando citou Jesus: "Mas o Conselheiro, o Espírito Santo, que o Pai enviará em meu nome" (João 14:26). Neste texto, é o Pai quem envia o Espírito, enquanto em João 15:26 é o Filho quem envia. Em João 15:26 é dito que o Espírito procede do Pai, e em João 14:26, ele é enviado em nome do Filho. Os termos se confundem e ordens se misturam, mas há um padrão: o Espírito foi enviado pelo Pai e pelo Filho.

Imagine que seu chefe peça para você entregar um documento na sede de outra empresa. Você está muito ocupado e não haverá tempo para fazer a entrega e terminar os relatórios necessários. Então você solicita um carro por aplicativo e envia o documento para o destino desejado. Quando o motorista chega ao destino, o recepcionista pergunta quem o enviou. Ele responde: "Foi o fulano (você) em nome do beltrano (seu chefe)". Sim, de certa forma você e seu chefe enviaram o motorista. Ele procede de vocês dois. João está dizendo algo parecido sobre o Espírito Santo.

Eu sei que esses exemplos do cotidiano nem arranham a superfície do plástico que está sobre a tampa da caixa que guarda a doutrina da Trindade, mas servem para ilustrar o que João está ensinando.

Quando unimos esse envio duplo do Espírito pelo Pai e pelo Filho ao que já falamos sobre a divindade e eternidade do Espírito, temos então uma conexão entre Trindade econômica e Trindade imanente. Assim como o envio do Filho pelo Pai indicou a relação eterna de geração, o envio do Espírito pelo Pai e pelo Filho indica a relação eterna de procedência. Esse é um ponto interessante na teologia trinitária: as relações econômicas apontam para verdades eternas. Não é possível dizer que a Trindade econômica é tudo e revela tudo o que a Trindade imanente é, mas quando falamos nas relações de geração e procedência podemos fazer essa afirmação. Perceba que no texto de João 5:26 Jesus está falando de geração eterna para justificar o seu ministério redentor (economia) de obediência e igualdade em relação ao Pai. Da mesma forma, quando Jesus fala do ministério redentor (economia) do Espírito como enviado pelo Pai e pelo Filho podemos entender que essa relação aponta para as relações eternas, ou seja, O Espírito procede eternamente do Pai e do Filho.

Assim vai se formando a teologia trinitária: não com um só texto que explique tudo, nem com textos isolados, mas com verdades reveladas que completam o mosaico trinitário.

É importante dizer que o Espírito não é gerado pelo Pai nem pelo Filho nem por ambos. Se o Espírito fosse gerado, haveria dois Filhos na Trindade e não três pessoas diferentes. O Espírito procede do Pai e do Filho! Procedência e geração eternas são elos relacionais distintos que tornam as pessoas da Trindade distintas uma das outras a partir da figura do Pai. São essas relações também que afirmam a igualdade entre eles. Ser gerado e proceder indica provir da mesma substância. Na Trindade temos uma substância, duas relações e três pessoas.

Na Trindade temos uma substância, duas relações e três pessoas.

A PLURALIDADE DA TRINDADE

Essa é a vida intratrinitária de Deus. Como diria o teólogo Fred Sanders, essa é "a terra da alegria da Trindade acima de todos os mundos".[2] Deus existe eternamente assim. Essa é a nossa ortodoxia. As relações eternas de origem são conceitos pelos quais a doutrina da Trindade permanece ou cai. A imagem abaixo ajuda a visualizar essa relação.

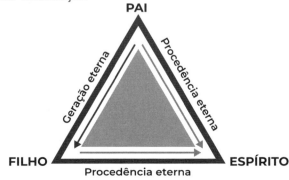

---

[2] SANDERS, Fred. *The Deep Things of God.* Wheaton: Crossway, 2017, p. 97.

Ao olhar biblicamente para os conceitos de geração eterna do Filho e procedência eterna do Espírito, encontramos as verdadeiras distinções pessoas entre as pessoas da Trindade. O Pai é o não gerado e não procedente; é, portanto, o ponto de partida das relações. O Filho é o gerado do Pai. O Espírito é o que procede do Pai e do Filho. Eles não são distintos em substância divina, não são distintos em idade, nem possuem corpos diferentes que estão em locais diferentes ao mesmo tempo. Pai, Filho e Espírito Santo são distintos em suas relações eternas um com o outro. A individualidade de cada um se constituí não a partir de si mesmos, mas dos outros. Eles existem em unidade de substância e numa pericorese amorosa, na qual suas relações perfeitas dizem quem é um e quem é o outro. É por isso que nenhum deles pode existir sem o outro. Nas relações eternas de origem está a pluralidade da Trindade.

Alguns teólogos partem das relações de geração e procedência para afirmar que elas indicam uma relação eterna de papéis ordenados, ou seja, de autoridade e submissão. Prefiro falar assim em vez de usar subordinação ou hierarquia, pois, talvez, esses termos passem a ideia errada de que há níveis de divindade diferentes na Trindade. Os teólogos dessa linha creem que a relação de obediência que o Filho encarnado tem com o Pai mostra como a relação eterna entre eles é. Como Filho enviado, Jesus procura a vontade e a glória do Pai (5.30; 6.38; 7.18) e fala e ensina apenas aquilo que tem recebido do Pai (7.16; 8.26; 12.49; 14.24). Assim também o Pai deu ao Filho a vida em si mesmo (5.26), a autoridade para julgar (5.22,27) obras para realizar (5.36), palavras para falar (12.49), uma taça para beber (18.11), pessoas para salvar (6.37,39) e discípulos para ensinar (17.6). O mesmo acontece com o Espírito, que vem a nós enviado pelo Pai e pelo Filho, ou seja, sob a autoridade dos dois para continuar a missão da redenção.

Chamo atenção, porém, para que as relações de autoridade e submissão não se confundam com a heresia ariana do quarto século, que dizia que o Filho era criado por Deus, mas não era Deus como o Pai. Quando falamos na relação de autoridade-submissão, a divindade e a eternidade do Filho não estão em jogo, nem o fato de ser igual em substância ao Pai. Lembre-se de que as distinções trinitárias não estão no campo da essência divina de cada pessoa, mas nas relações entre elas. Trata-se, portanto, apenas de uma relação eterna e voluntária de autoridade e submissão (o mesmo se aplica ao Espírito), não implicando necessariamente em níveis diferentes de divindade como defendia Ário.

Esse é um debate importante, pois diversos teólogos defendem que as relações eternas de autoridade-submissão é o que verdadeiramente distingue Pai, Filho e Espírito Santo. Dessa forma, o Pai teria autoridade sobre o Filho que gerou; e o Filho gerado é submisso ao Pai. Da mesma forma, o Espírito, procedente do Pai e do Filho, é submisso ao Pai e ao Filho. Outros teólogos defendem que essas relações de autoridade e submissão não existem, e que geração e procedência eternas não significam isso. Para esses, bastam a geração e a procedência para distinguir as pessoas da Trindade, sem a necessidade da ideia de autoridade-submissão.

Além de importante, esse é um bom debate, pois ambas as posições apresentam bons argumentos bíblicos.[3] Creio que as relações eternas de autoridade e submissão existem e são elas que distinguem as pessoas da Trindade. Mesmo que você não concorde com isso podemos dizer juntos que a Bíblia nos ensina que Pai, Filho e Espírito Santo são distintos um do outro por suas relações de geração eterna e procedência eterna. A resposta sobre essas relações apontarem ou não para relações eternas de autoridade-submissão nós teremos quando nos encontrarmos face a face com Deus. Resumindo, a pluralidade da Trindade está nesses conceitos apresentados na Bíblia e desenvolvidos na história.

> **Pai, Filho e Espírito Santo são distintos um do outro por suas relações de geração eterna e procedência eterna.**

---

[3] Para compreender os dois lados do debate, consulte WARE, Bruce A.; STARKE, John (eds.). *One God in Three Persons: Unity of Essence, Distinction of Persons, Implications for Life*. Wheaton: Crossway, 2015, livro que defende os papéis eternamente ordenados; e também BIRD, Michael; HARROWER, Scott. *Trinity Without Hierarchy: Reclaiming Nicene Orthodoxy in Evangelical Theology*. Grand Rapids: Kregel, 2019, obra que argumenta a favor do igualitarismo.

> *No amor do Pai, na graça do Filho e na comunhão do Espírito Santo está contida toda a salvação dos homens.*
>
> HERMAN BAVINCK[1]

PARTE 4

TRINDADE, EVANGELHO E A VIDA CRISTÃ

---

[1] BAVINCK, *As maravilhas de Deus*, p. 221.

CAPÍTULO 11
A Trindade e o significado da cruz

Qual é o tamanho do evangelho? Você já se deparou com essa pergunta? Paulo escreveu a resposta no capítulo 1 de Efésios. Geralmente Paulo começa suas cartas com uma saudação e, logo em seguida, parte para ações de graça a Deus. Colossenses e Filipenses, por exemplo, seguem esse padrão. Em Efésios acontece algo diferente. Entre a saudação inicial de Paulo e sua ação de graça há um grande parágrafo de louvor a Deus.

É muito interessante perceber como Paulo desenvolve esse texto de adoração. A estrutura que ele usa é bem familiar aos judeus. Trata-se de uma tradição litúrgica do Antigo Testamento chamada *berakah*, que significa "benção" e era usada para bendizer a Yahweh por quem ele é e pelo que faz por seu povo. A estrutura da *berakah* é basicamente o nome de Deus + um pronome relativo + uma oração adjetiva:

> Louvado seja ***Deus*** [nome de Deus]
>
> ***que*** [pronome relativo] ***não rejeitou a minha oração***
>
> ***nem afastou de mim o seu amor*** [oração adjetiva]!
> (Salmos 66:20).
>
> Bendito seja o ***Senhor Deus***,
>
> ***o Deus de Israel***, [nome de Deus]
>
> o único ***que*** [pronome relativo] ***realiza feitos maravilhosos*** [oração adjetiva] (Salmos 72:18).

Os judeus usavam essa fórmula de adoração em várias ocasiões para louvar o Deus único de Israel. No Novo Testamento, os apóstolos usam a *berakah* para louvar a Deus, mas fazem isso de uma forma nova. Eles incluem Jesus na fórmula, na condição de "Senhor". Isso é notável porque essa fórmula de adoração era usada exclusivamente para o Deus único de Israel. Os apóstolos "cristianizaram" a *berakah* ao adicionarem o nome de Jesus junto ao nome de Deus.

> Bendito seja o Deus e Pai de *nosso Senhor Jesus Cristo*, Pai das misericórdias e Deus de toda consolação, que nos consola em todas as nossas tribulações (2Coríntios 1:3-4).

> Bendito seja o Deus e Pai *de nosso Senhor Jesus Cristo*! Conforme a sua grande misericórdia, ele nos regenerou para uma esperança viva, por meio da ressurreição de Jesus Cristo dentre os mortos (1Pedro 1:3).

Em Efésios 1, Paulo foi ainda mais longe. O texto que vai do versículo 3 ao 14 inicia com uma *berakah* e depois inclui as pessoas do Pai, do Filho e do Espírito Santo no louvor. Paulo demonstra sua consciência trinitária ao usar essa fórmula de adoração ao Deus único para adorar a Trindade e falar de seus atos por seu povo. É um texto que exalta os atos salvadores de Deus nas pessoas do Pai, do Filho e do Espírito Santo. Convido você a olhar para o evangelho pelas lentes trinitárias que Paulo está oferecendo neste texto. Ele começa com os atos do Pai:

> Bendito seja o Deus e Pai de nosso Senhor Jesus Cristo, que nos abençoou com todas as bênçãos espirituais nas regiões celestiais em Cristo. Porque Deus nos escolheu nele antes da criação do mundo, para sermos santos e irrepreensíveis em sua presença. Em amor nos predestinou para sermos adotados como filhos, por meio de Jesus Cristo, conforme o bom propósito da sua vontade, para o louvor da sua gloriosa graça, a qual nos deu gratuitamente no Amado (Efésios 1:3-6).

Depois foca nos atos do Filho:

> Nele temos a redenção por meio de seu sangue, o perdão dos pecados, de acordo com as riquezas da graça de Deus, a qual ele derramou sobre nós com toda a sabedoria e entendimento. E nos revelou o mistério da sua vontade, de acordo com o seu bom propósito que ele estabeleceu em Cristo, isto é, de fazer convergir em Cristo todas as coisas, celestiais ou terrenas, na dispensação da plenitude dos tempos. Nele fomos também escolhidos, tendo sido predestinados conforme o plano daquele que faz todas as coisas segundo o propósito da sua vontade, a fim de que nós, os que primeiro esperamos em Cristo, sejamos para o louvor da sua glória (Efésios 1:7-12).

E então encerra com os atos do Espírito Santo:

> Quando vocês ouviram e creram na palavra da verdade, o evangelho que os salvou, vocês foram selados em Cristo com o Espírito Santo da promessa, que é a garantia da nossa herança até a redenção daqueles que pertencem a Deus, para o louvor da sua glória (Efésios 1:13-14).

Na unidade da Trindade temos um único Deus que deseja nos salvar, e doa de si mesmo a nós em amor para nos resgatar e garantir nossa salvação. Na pluralidade da Trindade temos o Pai, o Filho e o Espírito agindo de forma individual e distinta, e em amor, para fazer com que a salvação chegue a nós de uma vez por todas. No texto de Paulo identificamos que o Pai desenhou o plano de salvação antes da fundação do mundo, elegendo e predestinando aqueles que seriam seus filhos. Lemos que o Filho, em sua encarnação, executou esse plano e nos redimiu pelo derramar do seu sangue, pelo sacrifício perfeito oferecido por ele na cruz. E vemos que o Espírito Santo é o selo que torna essa salvação nossa, bem como a garantia de que essa salvação será nossa para sempre.

Qual é o tamanho do evangelho? O evangelho é do tamanho da Trindade.

Qual é o tamanho do evangelho? O evangelho é do tamanho da Trindade. Na unidade do Deus trino ele é o Deus que veio até nós porque não poderíamos ir até ele. Na pluralidade do Deus trino, ele é o Pai que tem dois braços — o Filho e o Espírito —, e que, por meio deles, nos envolve em seu abraço e nos traz para perto de si. O comprimento do evangelho é o comprimento desses braços do Pai.

O comprimento do evangelho é infinito. Você foi abraçado num abraço eterno e poderoso. Um abraço a que nenhum pecador pode resistir. De onde nenhum inimigo pode nos tirar. Que o tempo não pode afrouxar. O evangelho tem o tamanho da Trindade! E quando olhamos para a salvação pelas lentes paulinas da unidade e pluralidade de Deus, percebemos que fomos chamados por Deus, abraçados por Deus e envolvidos completamente por Deus. Na Trindade, o Pai é Deus acima de nós, o Filho é Deus entre nós e o Espírito é Deus em nós. Estamos cercados pelo perfeito amor trinitário.

E A PROFUNDIDADE DO EVANGELHO?

Permita-me outra pergunta antes de encerrar esse pequeno capítulo: Qual é a profundidade do evangelho? Encontraremos essa resposta olhando para a profundidade da cruz de Cristo.

Para começar, devemos pensar sobre o que a cruz significa. Nela Jesus fez expiação por nós. A palavra "expiação" significa reconciliação, e é usada em contextos nos quais algo deve ser feito para que a pessoa se aproxime de Deus. No Antigo Testamento, a expiação era feita, sempre que necessária, por meio de sacrifícios. Num dia especial do ano, o Dia da Expiação, um bode era escolhido para representar os pecados do povo. O bode era enviado para fora do arraial, como quem é enviado para morrer no deserto. Esse era o sacrifício do bode expiatório, que recebia a culpa de todos sobre si. Ele era uma sombra do que o Filho encarnado faria por nós ao morrer fora de Jerusalém, no monte chamado Calvário, como bode expiatório.

Como a expiação nos reconcilia com Deus? Alguns teólogos refletiram sobre isso ao longo da história da igreja e propuseram alguns tipos de mecanismos. Vou começar pelo que chamarei de *mecanismo do exemplo*. Para teólogos como Abelardo (1079-1142) e Socino (1539-1604), a expiação foi um exemplo que Jesus Cristo deixou para a humanidade. Abelardo focou no amor de Deus e defendeu que não havia necessidade de Jesus fazer qualquer pagamento sacrificial pelos pecados humanos para satisfazer a justiça de Deus.

Por outro lado, Socino, que não acreditava na Trindade, defendeu que a expiação é um exemplo de como o ser humano deve amar a Deus, sendo, portanto, uma inspiração de amor e obediência ao Senhor. As visões de Abelardo e Socino podem até captar a verdade em alguns pontos, mas são reducionistas demais para explicar o evento da cruz. Sim, a expiação serve como exemplo de amor e obediência, mas a obra de Cristo é muito maior do que um mecanismo de exemplo.

Há também o que vou chamar de *mecanismo de resgate*. Essa visão entende a cruz de Cristo como a grande vitória de Deus sobre as forças do mal, um resgate que Deus pagou para libertar os seres humanos das mãos de Satanás. Esse mecanismo também capta alguma verdade sobre a cruz — mais verdades, inclusive, do que o mecanismo de exemplo. Sim, Cristo derrotou Satanás e seus demônios na cruz, mas não porque Satanás se tornou dono do mundo e da humanidade. Isso nunca aconteceu. A obra de Cristo na cruz é mais do que isso.

O que a Trindade tem a ver com a expiação? Veremos agora. Perceba as transações que acontecem nesses dois mecanismos de expiação. No mecanismo de exemplo, há uma transação entre Deus e a humanidade: Deus deixa um exemplo para os homens. No mecanismo de resgate, há uma transação entre Deus e Satanás: Deus paga o preço das nossas vidas a Satanás. A expiação, porém, revela que a cruz do nosso Senhor Jesus Cristo é uma transação entre Deus e Deus. Trata-se de uma obra intratrinitária. Ela fala do *mecanismo de substituição*.

> **A expiação, porém, revela que a cruz do nosso Senhor Jesus Cristo é uma obra intratrinitária.**

O grande responsável pela criação desse mecanismo foi Anselmo da Cantuária (1033-1109). Em seu livro *Por que Deus se fez homem?*, ele falou sobre a necessidade de encarnação e expiação. Anselmo defendeu que o pecado nos deixa em dívida com um Deus justo que, portanto, precisa satisfazer sua justiça contra os pecadores. Essa justiça que seria satisfeita com a nossa condenação foi aplicada a Jesus Cristo, o Filho, na cruz do Calvário. Ele foi nosso substituto.

Sim, creio que a cruz de Cristo é principalmente sobre o Filho de Deus satisfazendo a justiça do Pai e de toda a Trindade em nosso lugar. "o Senhor fez cair sobre ele a iniquidade de todos nós", disse o profeta Isaías (53:6). Paulo disse que "estamos convencidos de que um morreu por todos; logo, todos morreram" (2Coríntios 5:14) e logo depois afirmou que "Deus tornou pecado por nós aquele que não tinha pecado, para que nele nos tornássemos justiça de Deus" (v. 21). Paulo também ensinou sobre a substituição quando disse que Cristo se tornou maldição em nosso lugar (Gl 3:13), e Pedro também, quando afirmou que Jesus foi o justo que sofreu pelos pecados dos injustos para conduzi-los a Deus (1Pedro 3:18).

O pecado contra Deus só poderia ser satisfeito pelo próprio Deus. Nada na criação poderia quitar essa dívida eterna. Foi então que Deus o Filho disse a Deus o Pai: "Eu pago. Que a tua justiça seja satisfeita em mim para que eles sejam em mim justificados e contigo reconciliados. Pai, *dá-me* o que eles merecem, e *dá-lhes* o que eu mereço". Em João 17, Pai e Filho têm uma conversa sobre nós (parte dela será o tema do próximo capítulo).

Agora pense comigo. Como essa transação aconteceria de forma perfeita sem as obras de capacitação e ação do Espírito Santo? Jesus nasceu por obra do Espírito Santo (Lucas 1:35); foi ungido para o ministério pelo Espírito Santo (Lucas 4:18; Atos 10:38); derramou seu sangue por nós e ofereceu a si mesmo a Deus pelo Espírito Santo (Hebreus 9:14); e foi ressuscitado dos mortos por meio do Espírito (Romanos 8:11).

Se Deus não fosse Trindade, como Deus poderia satisfazer a justiça do próprio Deus? Como Deus poderia enviar a Deus para encarnar e ser nosso substituto? Como Deus, sem ser Trindade, poderia pagar pela ofensa ao próprio Deus? Como Deus poderia agir para que Deus cumprisse sua missão de satisfazer a justiça de Deus? São respostas impossíveis de encontrar se não estivermos ancorados na Trindade. Na unidade de Deus enxergamos a cruz como o meio que o Deus único encontrou de salvar nossa vida da condenação eterna e nos trazer para um relacionamento verdadeiro com ele. Na pluralidade de Deus percebemos o mecanismo de substituição que foi planejado e executado pelo Pai, pelo Filho e pelo Espírito Santo.

Qual é a profundidade da cruz? É a profundidade das relações trinitárias e da transação eterna que aconteceu no Deus único por meio da sua pluralidade de pessoas. Qual é a profundidade do evangelho? É a profundidade da Trindade. Em resumo, o evangelho tem o comprimento das missões do Filho e do Espírito, e a profundidade das relações eternas entre Pai, Filho e Espírito Santo. O evangelho é do tamanho da Trindade. Ele é mais poderoso do que o pecado. Mais irresistível que todas as belezas do universo. Mais desejável que todos os prazeres da terra. Mais glorioso do que todas a glórias que um ser humano pode sonhar em alcançar. A Trindade é o berço do evangelho e o evangelho é a revelação máxima da Trindade.

> **Em resumo, o evangelho tem o comprimento das missões do Filho e do Espírito, e a profundidade das relações eternas entre Pai, Filho e Espírito Santo.**

● CAPÍTULO 12

O abandono do Filho: um mistério que vale a pena explorar

"Meu Deus! Meu Deus! Por que me abandonaste?" (Mateus 27:46; Marcos 15:34). Essas palavras, ditas pelo Filho ao Pai no momento da cruz, são um dos momentos bíblicos mais difíceis de entender. Além disso, é um texto crucial para o evangelho, pois temos as doutrinas da Trindade, de Cristo e da salvação envolvidas nesse grito de abandono. Não podemos simplesmente ignorar essas palavras de Jesus, principalmente num livro sobre a unidade e a pluralidade da Trindade. Deus o Filho foi realmente abandonado por Deus o Pai a ponto de acontecer uma "quebra" na Trindade? Ou isso foi apenas uma forma de falar que Jesus usou para expressar o que aquele momento apenas parecia?

Muito já se pensou sobre essas palavras de Jesus, e a maior convicção que eu tenho sobre elas é que podemos entender algo, mas algum mistério permanecerá enquanto estivermos desse lado da vida.

A CITAÇÃO DO SALMO 22

Vamos começar pelo que essas palavras de Jesus não dizem. Olhando para os versículos em que elas se encontram nos Evangelhos de Mateus e Marcos, e para seus respectivos contextos, não encontramos nenhuma explicação. Os registros são bem parecidos.

Ambos falam das trevas sobre a terra, citam as palavras em aramaico, falam da confusão com o nome de Elias e citam a esponja com vinagre oferecida a Jesus. Só isso. Nada mais. Não há nenhuma explicação sobre o tipo de abandono. Nenhuma afirmação sobre o relacionamento eterno entre Pai e Filho. Nada é dito sobre uma possível quebra na Trindade. Não há menção de que as palavras se refiram somente à natureza humana de Cristo, nem que ele fala apenas como representante dos homens. Nada. Apenas o clamor. O mistério fica no ar, e pelos textos de Mateus e Marcos não podemos fazer afirmações com convicção e clareza. Por outro lado, há sim uma coisa que podemos ver claramente nos textos de Mateus 27:46 e Marcos 15:34: eles são citações diretas do salmo 22.

> Meu Deus! Meu Deus!
>
> Por que me abandonaste?
>
> Por que estás tão longe de salvar-me,
>
> tão longe dos meus gritos de angústia?
>
> Meu Deus!
>
> Eu clamo de dia, mas não respondes;
>
> de noite, e não recebo alívio! (Salmos 22:1-2).

Essa percepção é fundamental para explorarmos o grito de abandono de Jesus na cruz, pois o salmo 22 é uma poesia que começa com a tristeza do abandono, mas termina com um louvor confiante ao Deus vitorioso que não despreza a dor do aflito, mas ouve seu grito de socorro (v. 24).

Alguns têm argumentado que o fato de Jesus ter citado apenas a primeira parte do versículo 1 não deve nos levar a usar todo o salmo para interpretar os textos de Mateus e Marcos. Esse é um argumento válido e coerente. Jesus citar um versículo realmente não significa que ele trouxe para suas palavras o significado do salmo todo.

No entanto, essas palavras de Jesus não são a única referência que os evangelistas fizeram ao salmo 22. Segundo o professor

Thomas McCall, os versículos 6-8 do salmo condizem muito bem com o cenário de zombaria que se deu antes e durante a crucificação de Jesus (Mateus 27:27-31,38-44; Marcos 15:16-20,25-32).[1] De forma mais direta, o versículo 18 ("Dividiram as minhas roupas entre si, e lançaram sortes pelas minhas vestes") se repete quando Mateus e Marcos dizem que "Depois de o crucificarem, dividiram as roupas dele, tirando sortes" (Mateus 27:35; Marcos 15:24).

Mateus e Marcos parecem fazer uma conexão direta entre o momento da crucificação de Jesus e o contexto do salmo 22. Isso é claramente proposital e nos move ao entendimento de que queriam contextualizar no salmo inteiro as palavras que Jesus mencionou, do versículo 1. McCall acerta quando diz que "Mateus e Marcos pretendem que seus leitores sejam atraídos para o pano de fundo do salmo 22 como uma chave interpretativa para entender a história da morte de Jesus"[2].

Notar a estrutura do salmo 22 nos ajuda a entender o grito de abandono de Jesus. Para isso, antes de prosseguir na leitura deste texto, leia o salmo 22.

Você provavelmente percebeu que o salmo começa com o questionamento sincero de alguém que está em sofrimento. Alguém fiel ao Senhor é vítima de zombaria e se sente abandonado (v. 1-8). Esse questionamento se torna uma oração honesta e cheia de fé em Deus (v. 9-22). Por fim, a oração rompe em louvor confiante! Aquele que sofre se lembra da bondade, compaixão, misericórdia, fidelidade, justiça e soberania de Deus. Ele sabe que não foi abandonado (v. 22-31)!

Quando olho para as palavras de abandono que Jesus proferiu na cruz e as enxergo por meio do salmo 22, uma esperança queima em meu coração: a esperança do evangelho. Sim, houve algum tipo de abandono, mas não um abandono completo e definitivo. Deus está no controle e permanece o mesmo. O abandono da cruz se torna em louvor e glória ao Deus da nossa salvação. Quando olho para

---

[1] McCALL, Thomas. Forsaken: *The Trinity and the cross, and why it matters*. Downers Grove: IVP Academic, 2012.

[2] McCALL, *Forsaken*.

essas palavras de Jesus e as enxergo pelas lentes da Trindade, a profundidade da cruz é escancarada diante de mim. Ao pensar na unidade da Trindade, sei que Pai e Filho não romperam o seu relacionamento. A pericorese não pode ser desfeita por nenhum segundo. O Pai estava com o Filho e estava no Filho. A unidade de mesma substância é inquebrável. Houve um abandono que não entendo completamente, mas o fato de não entender algo não significa que esse algo não é verdade. A unidade da Trindade nos assegura de que a cruz é uma obra 100% trinitária, e que até o abandono de Jesus aconteceu na perfeita unidade entre Pai, Filho e Espírito Santo.

Quando penso na pluralidade da Trindade, sei que a pessoa do Filho levou sobre si os nossos pecados. Ele suportou esse fardo e entregou sua vida para satisfazer a justiça perfeita do Pai. Como nosso substituto, ele sentiu em nosso lugar esse abandono misterioso da cruz. É por Deus ser plural, e o Filho ser verdadeiramente distinto do Pai, que ele pôde se sentir abandonado. É por ser distinto do Pai que o Filho pode ser o Deus que morre por nós para satisfazer a justiça santa de Deus. A pluralidade em Deus me diz que houve sim algum tipo de abandono, enquanto a unidade me diz que não foi o tipo de abandono total que implica numa quebra da Trindade. Foi o tipo de abandono parecido com o do salmo 22, aquele que acontece dentro da realidade da presença e fidelidade de Deus. Aquele abandono que se torna vitória e louvor!

Vamos juntar unidade e pluralidade para pensar sobre o abandono do Filho. Se Deus é um e plural, podemos dizer que o que acontece com o Filho como pessoa distinta é o que a Trindade também experimenta como unidade perfeita. Foi o Filho que morreu na cruz, não o Pai nem o Espírito Santo. Porém, toda a Trindade sabe o que é morte por causa do Filho. De alguma forma, os três estavam pendurados no madeiro, mesmo que apenas o Filho encarnado estivesse diretamente lá para morrer.

O Filho é aquele chamado de "homem de dores e experimentado no sofrimento" (Isaías 53:3). Se isso é verdade, podemos dizer que a Trindade é uma Trindade de dores. Deus sabe o que é padecer. Se o Filho é o nosso sumo sacerdote que se compadece por nós porque passou pelo que passamos (cf. Hebreus 4:15), então a Trindade é esse Deus que entende o que estamos passando e se compadece de nós. Se o Filho foi abandonado, a Trindade sabe o que é o abandono.

Se você se sentir sozinho ou abandonado, e tiver a impressão de que Deus o deixou, lembre-se de que Deus, em toda a sua grandeza e profundidade trinitária, entende nossas dores e nossas tristezas. Ele se compadece. Medite no salmo 22 e deixe que ele o leve até a cruz. Observe Cristo e enxergue nele a Trindade. A cruz foi por você. Por meio dela, você pode se aproximar do trono da graça com confiança (Hebreus 4:16). Lembre-se de que o Pai o abraça por meio do Filho e do Espírito. O abandono pode parecer bem real como foi para Jesus, mas os três sempre estarão com você, como estavam na cruz.

> **Deus, em toda a sua grandeza e profundidade trinitária, entende nossas dores e nossas tristezas.**

● CAPÍTULO 13

A Trindade como padrão para a igreja

Eu sou um pastor batista e vivo em Fortaleza, Ceará. No momento em que escrevo esse livro, estou passando pelo período em que mais trabalhei como pastor nesses quase cinco anos de ministério. As demandas de aconselhamento estão altíssimas e me encontro frequentemente com pessoas que têm ideias diferentes, pecados diferentes e problemas diferentes. Tenho visto como nunca o poder da Palavra de Deus e da boa teologia na vida dessas pessoas. Por isso, não posso terminar este livro sem falar como seu conteúdo impacta a vida da igreja.

Muitos pensam que a doutrina da Trindade tem pouca ou nenhuma implicação para a vida prática do cristão. Isso está longe de ser verdade. Tenho ensinado e pregado sobre a Trindade em algumas igrejas do Brasil e sempre me preocupo em aplicar a realidade de Pai, Filho e Espírito Santo à vida das igrejas locais. O teólogo J. I. Packer certa vez escreveu que "piedade significa responder a revelação de Deus em confiança e obediência, fé e adoração, oração e louvor, submissão e serviço".[1] É exatamente isto que desejo para todos os crentes: que a revelação de Deus gere essas marcas cristãs em nossa vida! A teologia precisa sempre entrar pela mente, descer para o coração e transbordar em ações.

Como ser mais piedoso e viver mais igreja diante do conhecimento da Trindade?

---
[1] PACKER, J. I. *O conhecimento de Deus.* São Paulo: Cultura Cristã, 2014, p. 18.

Pluralidade e unidade não são marcas apenas da Trindade, mas também da igreja. É impossível ler sobre como três pessoas diferentes formam uma unidade de comunhão perfeita e não lembrar do nosso chamado como igreja. Somos a igreja da Trindade, e a Trindade serve de padrão para a igreja. Afirmo isso com muito cuidado, pois é sempre necessário ter cautela ao aplicar as realidades trinitárias às esferas da vida. Alguns teólogos, por exemplo, têm usado a Trindade como padrão para formatações políticas e sociais, desrespeitando os limites de uma aplicação fielmente bíblica. Miroslav Volf, em um livro sobre a igreja como imagem da Trindade, chamou a atenção para o fato de que, "embora ideias trinitárias possam inegavelmente ser convertidas em ideias eclesiológicas, e de fato o são, é igualmente inegável que esse processo de conversão deve ter seus limites".[2] Ele destacou que, na Trindade, "pessoa" e "comunhão" não têm o mesmo significado que "pessoa" e "comunhão" na eclesiologia. Em outras palavras, unidade e pluralidade em Deus é diferente de unidade e pluralidade nos seres humanos. Assim, ao aplicar a doutrina da Trindade como padrão para a igreja, é preciso fazer uma adequação. Para mim, essa adequação precisa passar diretamente pela Bíblia.

A aplicação mais clara das Escrituras para a vida da igreja é que Pai, Filho e Espírito Santo servem de modelo para a unidade plural da igreja. Vamos olhar para a oração de Jesus em João 17 e ver como tudo o que aprendemos até aqui sobre Deus ser três e um ao mesmo tempo nos ensina a como viver igreja da melhor maneira possível!

UNIDADE DA IGREJA

João 17 é um dos capítulos mais lindos e impressionantes de toda a Bíblia. Nele temos o registro da oração que o Filho fez ao Pai

---

[2] VOLF, Miroslav. *After Our Likeness: The Church as the Image of the Trinity*. Grand Rapids: Eerdmans, 1997, p. 198.

pela igreja. Houve uma oração intratrinitária na qual Deus rogou a Deus pela nossa vida como povo de Deus.

Eu particularmente tenho aversão a mensagens que dizem que somos o centro de Jesus, o ponto fraco de Deus, ou que usam desse tipo de afirmações para exaltar o ser humano. Por outro lado, porém, não posso dizer que somos irrelevantes para Deus. Ele se importa conosco, nos ama intensa e profundamente. Isso se evidencia no fato de Deus orou a Deus por nós! Pense um pouco nisso e deleite-se nessa verdade. Que maravilha! Que Deus incrível e amoroso nós temos!

Você já ouviu a oração sincera de uma criança? Quando elas pedem a Deus para agir em coisas simples do dia a dia, ou até mesmo para lhes dar um irmãozinho, temos vontade de agir para ser a resposta de oração delas. Eu tenho três filhos e os pedidos que eles fazem a Deus são de alta importância para mim. Agora, imagine o que Deus o Pai sente em relação aos pedidos de Deus o Filho. Se Deus é plural, o Filho pode orar ao Pai na comunhão do Espírito Santo. Se Deus é um, os pedidos do Filho são o que desejam o Pai e o Espírito Santo. O que Jesus pede em sua oração em João 17 é do mais alto valor para Deus. Sendo assim, deve ser do mais alto valor para nós. E ele pede:

> Minha oração não é apenas por eles. Rogo também por aqueles que crerão em mim, por meio da mensagem deles, para que todos sejam um, Pai, como tu estás em mim e eu em ti. Que eles também estejam em nós, para que o mundo creia que tu me enviaste. Dei-lhes a glória que me deste, para que eles sejam um, assim como nós somos um: eu neles e tu em mim. Que eles sejam levados à plena unidade, para que o mundo saiba que tu me enviaste, e os amaste como igualmente me amaste (João 17:20-23).

Você e eu estamos incluídos entre "aqueles que crerão em mim". Nossas igrejas locais estão. Deus orou a Deus por nossa unidade como igreja. Não só isso, Deus orou a Deus por nossa unidade, colocando-se como o próprio padrão de unidade: "para que eles sejam um, assim como nós somos um. Esse não é um pedido de oração qualquer. Nele vemos o desejo do coração de Deus o Filho. Deus em sua eternidade, santidade, profundidade, majestade, beleza, justiça, sabedoria e soberania deseja que sua igreja seja tão unida a ponto de ser uma representação da unidade da Trindade. O padrão é alto demais.

Unidade eclesiástica é uma coisa levada muito a sério por Deus. E por isso deve ser levada muito a sério por nós. Qualquer unidade que não se aproxime da beleza e da profundidade da unidade da Trindade não serve para a igreja.

A unidade de Deus está em Pai, Filho e Espírito Santo possuírem a mesma substância divina e na comunhão perfeita e amorosa que eles vivem. Por sua vez, a pluralidade de Deus está no fato de que Pai, Filho e Espírito Santo são verdadeiramente pessoas distintas uma das outras. Essas duas realidades — unidade e pluralidade — existem eternamente em Deus, e uma não anula a outra. A pluralidade não inviabiliza a unidade perfeita, e a unidade perfeita não anula a pluralidade de pessoas. Na Trindade, temos três pessoas diferentes que vivem em perfeita unidade por meio do amor, a essência de Deus (cf. 1João 4:8).

Esse é o tipo de unidade que a igreja deve imitar da Trindade. Uma unidade que não anula a pluralidade e que se faz pericorética até onde é possível.

Vamos começar pela base dessa unidade. O que nos une uns aos outros? O texto de João diz "para que todos sejam um, Pai, como tu estás em mim e eu em ti" (v. 21). Há uma comunhão entre o Pai e o Filho que Jesus está igualando de alguma forma à nossa comunhão com Deus. Já aprendemos que o Pai habita no Filho, e que eles estão perfeitamente unidos pelo vínculo do Espírito Santo, que está unido a eles. Da mesma forma nós, os crentes, estamos unidos a Deus ao sermos unidos a Cristo pela obra do Espírito Santo. Ele afirma isso quando diz "eu neles e tu em mim. Que eles sejam levados à plena unidade" (v. 23).

Essa doutrina é chamada de "união com Cristo". E se estamos unidos com o Filho, também estamos unidos com o Pai e com o Espírito Santo. Se estamos unidos a um, estamos unidos a todos.

A união do crente com Cristo e de Cristo com o Pai e o Espírito significa que o crente está unido à Trindade e, por meio da Trindade, unido a todos os outros crentes. O elo entre os crentes em Jesus é a Trindade. Em algum nível, a pericorese trinitária transborda por meio da união com Cristo para que eu e você estejamos em comunhão pericorética com Deus e com todos os crentes. É por isso que não há o "Eu sou igreja", e sim o "Nós somos igreja". É por isso que viver o evangelho de forma isolada e sem igreja é uma tremenda contradição. Se Deus é o elo de unidade entre todos os crentes, quem diz que não deseja a igreja está afirmando que não deseja o Deus da igreja.

> **Se Deus é o elo entre todos os crentes, quem diz que não deseja a igreja não deseja o Deus da igreja.**

Esse é mais um momento de perder o fôlego! A Trindade é a base da nossa unidade como igreja porque é o elo que une pericoreticamente os crentes entre si. E ela também é o padrão da unidade da igreja porque fomos chamados a imitar, de alguma forma, essa pericorese trinitária em nossas relações eclesiásticas. Isso não é implicação indireta nem floreio de teólogo. Foi exatamente isso que o Filho orou ao Pai quando disse "para que eles sejam um, assim como nós somos um" (v. 22).

PERICORESE NA IGREJA

Não conseguiremos estabelecer plenamente entre nós a pericorese que está no Deus trino. Não somos Deus, somos criaturas. Não somos espírito, somos corpo. Não somos perfeitos, somos pecadores. E é claro que Jesus sabe disso. Mas sua oração não é ingênua, ele sabe que não é possível sermos plenamente um como ele e o Pai são um. Se ele orou, é porque também sabe que podemos e devemos imitá-lo de alguma forma.

O Evangelho de João não nos deixa no escuro sobre isso. Encontramos dois contextos principais sobre a unidade entre Pai e Filho que nos mostram características práticas dessa unidade que podemos imitar: conhecimento e obras.

Quando Jesus diz que ele e o Pai são um, o contexto nos aponta para algumas características dessa unidade. Jesus afirmou que ele conhece o Pai e o Pai o conhece (João 10:15). Depois, Jesus disse ter feito obras da parte do Pai (v. 32) e as mesmas obras do Pai (v. 37-38). Portanto, quando o Filho diz que é um com o Pai, pelo contexto, ele está enfatizando *unidade de conhecimento* e *obras*. Esses dois elementos também aparecem na passagem da pericorese em que Felipe pede a Jesus que mostre o Pai. Ali Jesus diz: "Você não me conhece, Filipe, mesmo depois de eu ter estado com vocês durante tanto tempo? Quem me vê, vê o Pai" (João 14:9). Para Jesus, "mostrar" e "ver" se referem a "conhecer". Felipe quer conhecer o Pai, e Jesus está dizendo que quem o conhece também conhece o Pai. O Filho conhece tão plenamente a Deus em sua pericorese que conhecer um é conhecer o outro. Na sequência do diálogo, Jesus enfatiza que a realidade de um estar no outro pode ser vista no fato de ambos executarem as mesmas obras: "Creiam em mim quando digo que estou no Pai e que o Pai está em mim; ou pelo menos creiam por causa das mesmas obras" (v. 11). A pericorese implica que Pai e Filho se conhecem plenamente e estão empenhados em realizar as mesmas obras. Isso podemos imitar!

Conhecendo uns aos outros

"Eu e o Pai somos um" (João 10:30). Temos nesse versículo uma afirmação de pluralidade e unidade. "Eu e o Pai" faz referência a duas pessoas divinas e distintas da Trindade; "somos um" se refere à unidade dessas pessoas divinas. Quando leio esse texto e medito nessa verdade, encontro o princípio de uma unidade que não anula a pluralidade. A oração de Jesus não é por uniformidade. O padrão de unidade perfeita da Trindade não é um padrão em que Pai, Filho e Espírito Santo são totalmente iguais. A beleza da Trindade está justamente no fato de três pessoas eternas e distintas viverem em eterna e perfeita unidade ao ponto de serem chamados um.

Não é isso que a Bíblia também diz sobre a igreja? Paulo ensina isso ao dizer que o corpo — a metáfora que usa para a igreja — é um, mas possui muitos membros diferentes que o constituem. Paulo atribui essa unidade ao Espírito Santo e passa a falar da importância de o corpo ser formado por membros diferentes:

> Ora, assim como o corpo é uma unidade, embora tenha muitos membros, e todos os membros, mesmo sendo muitos, formam um só corpo, assim também com respeito a Cristo. Pois em um só corpo todos nós fomos batizados em um único Espírito: quer judeus, quer gregos, quer escravos, quer livres. E a todos nós foi dado beber de um único Espírito (1Coríntios 12:12-13).

O argumento de Paulo é: um corpo não existe se todos os membros forem pés. Da mesma forma, a igreja não existe se todos os membros têm os mesmos dons, as mesmas forças e fraquezas, as mesmas experiências, a mesma maturidade, o mesmo conhecimento, os mesmos pecados etc. Como haveria pastoreio, aconselhamento e cuidado mútuo se todos fossem iguais ou extremamente parecidos? É na diferença que temos algo para oferecer ao outro. Somos membros diferentes que constituem um único corpo. A beleza da igreja não está em sermos todos iguais, mas justamente no fato de sermos um enquanto somos diferentes. É isso que a oração de Jesus pede sobre nós. Que sejamos um mesmo sendo diferentes, como Pai e Filho são um mesmo sendo diferentes.

> **A beleza da igreja não está em sermos todos iguais, mas justamente no fato de sermos um enquanto somos diferentes.**

Se você está se perguntando onde está o Espírito Santo nisso tudo, Agostinho nos ajuda nessa questão. Para ele, assim como o Espírito é o elo entre os membros do corpo de Cristo, ele é a pessoa responsável por ser o vínculo de amor eterno entre o Pai e o Filho.[3]

---

[3] AGOSTINHO, *A Trindade*, p. 533.

Unidade no Espírito está presente na Trindade e na igreja.

Certa vez alguém me disse que uma pessoa não ficou em nossa igreja porque achou que era uma "igreja de ricos". A verdade é que nossa igreja tem poucos ricos, muitos de classe média e muitos de classes mais baixas. Somos uma igreja bem plural nesse sentido. Não sei o que pode ter levado aquela pessoa a ter essa conclusão, mas ela estava errada. Não ficar numa igreja porque há pessoas diferentes de nós é um grande erro, e quem age assim mostra que não entendeu o que é ser igreja. Quem segmenta a igreja para buscar uniformidade de alguma característica pessoal ou social não entendeu igreja e muito menos a Trindade. Há alguém bem diferente de você em sua igreja? Olhe para essa pessoa com as lentes da Trindade. Ame-a na tentativa de imitar o amor que o Pai e o Filho têm um pelo outro no Espírito.

Ao olhar para a unidade trinitária como modelo para a unidade eclesiológica, aprendo que igreja é lugar para conhecer e ser conhecido. É lugar para abrir minha vida com sabedoria e responsabilidade para que outras pessoas participem dela. Na igreja, quero que irmãos habitem na minha vida literalmente, estando em minha casa. Isso é relacionamento pericorético! Ser aberto a relacionamentos e praticar a hospitalidade são marcas de unidade. Sim, sei que isso não é fácil e que requer esforço. Sei que há pedras no caminho. Mas é o nosso chamado!

Precisamos ir além da comunhão do comer e se divertir juntos. É preciso de conhecimento mútuo. Quem conhece você na sua igreja? Quem conhece seus pecados mais sujos? Suas ansiedades? Quem conhece seu casamento? Quem conhece quem você é no trabalho? Ninguém? Então você está em perigo e desconsiderando a vontade de Deus para a igreja. Já escutei várias vezes pessoas dizendo coisas do tipo "Eu só quero uma igreja onde eu possa me sentar, ouvir boas pregações e não me envolver muito". Essas pessoas querem eventos como TED Talks, não igrejas. Olhe para a Trindade. Leia a oração que o Filho fez ao Pai. Abra sua vida para viver algum nível de pericorese eclesiástica. Igreja não é lugar para o conforto do anonimato. O que Paulo disse em 1Coríntios 12:26 é a mais pura realidade pericorética da igreja: "Quando um membro sofre, todos os outros sofrem com ele; quando um membro é honrado, todos os outros se alegram com ele". Estamos unidos uns aos outros! Estamos uns nos outros.

As mesmas obras

A outra marca dessa unidade da Trindade que podemos imitar como igreja está nas obras. Sou um pastor batista que leva algumas decisões importantes para serem votadas em assembleia com todos os membros. Os batistas têm essa prática de se reunir para tomar decisões importantes juntos como congregação. Quando há, por exemplo, a questão sobre onde usar um valor em dinheiro doado para a igreja, temos de decidir em assembleia entre várias opções. Em qual campo missionário vamos aplicar o recurso? Será que usamos para melhorar a estrutura da igreja? Doamos para projetos sociais? Abençoamos a vida do pastor com alguma parte? Imagine se, numa assembleia, vários grupos se levantam e brigam por suas opiniões, de modo que ninguém quer ceder. Num contexto assim, temos uma igreja que não está focada nas mesmas obras. Os grupos estão divididos por propósitos e obras diferentes.

A unidade da Trindade ensina que a igreja precisa estar unida nas mesmas obras. Pai e Filho estavam empenhados na salvação do povo de Deus. Eles atuavam em perfeita unidade. O que sua igreja está fazendo no mundo? Apoie, converse, sugira mudanças e trabalhe junto. Em tudo, seja um com seus irmãos! Não incentive um ambiente de oposição e divisão.

Conhecimento e obras não servem apenas para a relação entre os membros de uma igreja local, mas também para as relações entre igrejas locais. E mais, entre denominações diferentes! A pluralidade de denominações não anula a unidade da igreja de Jesus. E a unidade da igreja de Jesus não requer uniformidade

> **O crente sectário pode afirmar a Trindade como ortodoxia, mas negá-la com sua ortopraxia.**

em todas as igrejas do mundo. Se mantivermos as doutrinas fundamentais da fé cristã e as boas práticas bíblicas da igreja, podemos e devemos estar em comunhão interdenominacional. Uma vez ouvi de uma pessoa que nós batistas não deveríamos participar de uma ação evangelística organizada por pentecostais. Lamentei profundamente. Essa não é a visão trinitária para a igreja. O crente sectário pode afirmar a Trindade como ortodoxia, mas negá-la com sua ortopraxia.[4] Denominações diferentes honram a Deus quando vivem unidade na pluralidade. A internet me deu a possibilidade de conhecer muitos homens e mulheres de Deus que pensam teologicamente diferente de mim em pontos secundários. Percebi o quanto eles me abençoam. Percebi que sou um com eles. Eu me tornei menos crítico e separatista por conhecer e me abrir para crentes de outras denominações. Eu me tornei mais trinitário.

Uma igreja se coloca como resposta da oração de Deus quando imita a unidade trinitária valorizando a pluralidade e amando os diferentes, vivendo relações verdadeiras de conhecimento e cuidado mútuo e realizando suas obras com o apoio e engajamento de toda a comunidade. Essa é a pericorese que João nos apresentou como possível e esperada para nossas igrejas. É nesse sentido que podemos imitar a unidade entre Pai, Filho e Espírito Santo. Quando vivemos assim, nos tornamos um testemunho vivo e poderoso da missão salvadora de Jesus, e pregamos ao mundo que o amor da Trindade transborda para o povo de Deus (João 17:23). Esse é o amor perfeito e eterno que deve ser espalhado aos quatro cantos da terra por aqueles que enxergam na beleza da Trindade o padrão para a beleza da igreja.

Uma igreja se coloca como resposta da oração de Deus quando imita a unidade trinitária valorizando a pluralidade e amando os diferentes.

Se você crê na Trindade, e que Deus é um e três ao mesmo

---

[4] "Ortodoxia" é o termo que se refere à crença correta, e "ortopraxia" se refere à prática correta.

tempo, então viva como povo da Trindade e seja uma ponte para que mais pessoas creiam e adorem o Pai, o Filho e o Espírito Santo. Que o Senhor conserve nossa fé na Santíssima Trindade intacta e inabalável até nosso último suspiro nessa vida, e que desfrutemos da glória dessa Trindade quando um novo suspiro se encontrar com a eternidade.

> Senhor nosso Deus, nós cremos em ti, Pai, Filho e Espírito Santo. Pois a Verdade não teria dito: Ide, batizai a todos os povos, em nome do Pai, do Filho e do Espírito Santo (Mt 28:19), se não fosses Trindade. Nem nos ordenarias que fôssemos batizados, ó Senhor nosso Deus, em nome de alguém que não é o Senhor Deus. Nem a voz divina diria: Ouve, ó Israel, o Senhor teu Deus é o único Deus (Dt 6:4), se não fosses Trindade e, ao mesmo tempo, o único senhor Deus. E se tu, Deus Pai, fosses Pai e ao mesmo tempo fosses Filho, teu Verbo, Jesus Cristo; e fosses o mesmo Dom, que é o Espírito Santo, não leríamos nas Escrituras da Verdade: enviou Deus o seu Filho (Gl 4:4 e Jo 3:7). Nem tu, ó Filho Unigênito, dirias do Espírito Santo: aquele que eu vos enviarei da parte do Pai (Jo 15:26). Dirigindo todo meu empenho por essa regra de fé, na medida de minhas forças e o quanto me tornaste capaz, eu te procurei e desejei ver pelo entendimento o que creio. Muito discuti e trabalhei. Ó Senhor, meu Deus, única esperança minha, ouve-me, a fim de que jamais me entregue ao cansaço e não mais queira te buscar, mas ao contrário que sempre procure tua face, com todo o ardor (Sl 104:4). Fortalece aquele que te busca, tu que permitiste seres encontrado, e cumulaste de esperança de sempre mais te encontrar... Senhor, único Deus, Deus Trindade, tudo o que disse de ti nestes livros, de ti vem. Reconheçam-no os teus, e se algo há meu, perdoa-me e erdoem-me os teu. AMÉM.[5]

---

[5] Essa é a oração final de Agostinho em *A Trindade* (p. 555-7).